AF192085

Vietnam
Begegnungen

Herstellung und Verlag:
Books on Demand GmbH, Norderstedt
ISBN: 978-3-8423-8025-7

Wilfried Lange
wilflange@web.de

Kein Vorwort

Hier sollte eigentlich ein Vorwort stehen. Fast jedes Buch das ich im Laufe meines Lebens in der Hand hielt, hatte eines. Viele waren interessant, einige so weitschweifig, daß ich mich gefragt habe ob es sich denn noch lohnen würde das Buch zu lesen, es war doch schon alles gesagt. Also kurz und schmerzlos, ich persönlich halte Vorwörter für überflüssig. Für mich stellt sich immer der Vergleich mit einer Frau mit der man das erste Mal Sex hat und die man erst einmal lustvoll entblättert. Irgendwie finde ich es störend, wenn man mir erst einmal erzählt, dass die Markenunterwäsche statt 200 Euro in der Internetauktion nur 120 Euro gekostet hat. Oder das die Narbe die man entdeckt, bei einer Blinddarmoperation vor 2 Jahren entstand und was dabei alles schief lief. Wahrscheinlich wird es einer Frau ähnlich gehen, wer will schon hören, daß die Penisverlängerung in Brasilien nur 2000 Dollar kostet. Wen interessiert das schon in diesem Moment, nein, her mit dem guten Stück.

Also rein in die kleinen Geschichten, die mir auf meiner Reise passiert sind, was soll's auch, das Leben schreibt keine Vorwörter.

Vietnam ist ein Reiseland das dir zuerst mal ein Hindernis vor die Füße legt, es herrscht Visumspflicht. Wie man das Visum bekommt und was das kostet, vermittelt einem ein guter, gedruckter Reisführer und dann die im Internet zu findenden Visavermittlungsbüros. Vier Wochen vor Antritt der Reise sollte man sich schon damit auseinandersetzen, glaube ich.

Ich hatte das große Glück jemanden zu kennen, der geschäftlich mit Firmen in Vietnam zu tun hat und mir eine Einladung einer Firma in Hanoi verschaffte. Darüber hinaus hat dieser wunderbare Mensch auch noch die perfekte Sekretärin, die mir mit viel Geduld half ein so genanntes Businessvisa zu besorgen. Das berechtigt mich drei Monate in dem Land zu verbleiben. Nebenbei bemerkt hat sich in dieser perfekten Sekretärin wohl noch der Eindruck verstärkt, dass die männliche Spezies unter Anderem nicht gerade dazu in der Lage ist einen Visaantrag innerhalb von Minuten mit den dazugehörigen Daten zu versehen. Also wanderte dieser Antrag ein paar Mal hin und her. Ich bekenne reumütig, ich bin ein Mann und hinter fast jedem Exemplar dieser Gattung steht eine perfekte Frau. Wo, bitte sehr, wären wir ohne sie.

Ein weiterer und wie ich für mich zugeben muß, sehr unangenehmer Aspekt ist das Thema von Impfungen. Ich habe nicht vor ausschließlich in Restaurants der gehobenen Preisklasse zu dinieren und das heißt für mich kleine einheimische Restaurants oder auch mal eine Garküche auf der Straße, in denen die großartige vietnamesische Küche unverfälscht an den Verbraucher kommt. Das wirkt zwar alles sehr sauber, aber ich kenne auch Garküchen da wird das Geschirr, falls vorhanden, im Wasser aus dem Fluß nebenan gespült.

Oder das Wasser kommt aus irgendwelchen dubiosen Leitungen. Was darin enthalten ist möchte ich lieber nicht nachverfolgen. Ich sehe bildlich vor mir, wie ein deutscher Lebensmittel-Kontrolleur des Ordnungsamtes hier einen Nerven-zusammenbruch erleidet. Egal, gekocht ist alles nur noch halb so suspekt und schließlich kann man sich ja vorausschauend impfen lassen. Aber gegen was alles?

Ich überlege mir, wenn ich mich gegen alle Krankheiten dieser Erde impfen lasse, sterbe ich wahrscheinlich noch vor Reiseantritt an den Nebenwirkungen. Das nennt unser Rententräger >>sozialverträgliches Frühableben<< und freut sich, dass wieder einmal ein Mitbürger kurz vor Erreichen des Rentenalters keinen Anspruch auf Rente mehr erhebt.

Wie immer hilft hier die unerschöpfliche Quelle Internet. Ich weiß gar nicht, wie wir früher ohne diese Informationen im Netz lebensfähig waren.

Tetanus und Hepatitis A ist unbedingt angesagt. Hepatitis B braucht man, nach Auskunft im Netz, wenn man den Kontakt zur Bevölkerung auch auf der sexuellen Ebene suchen möchte. Mein Freund sagt allerdings dazu >>Wenn man sich die zarten kleinen jungen, oder auch älteren Damen so ansieht und sich vorstellt, dass man mit ihnen in einer horizentralen Lage verkehrt, kommt man sich irgendwie wie ein Kinderschänder vor<<.

Das führt bei mir zu der Überlegung, daß ich nun keinesfalls als Kinderschänder angesehen werden möchte. Vielleicht führt mich ja ein viertel Jahr Enthaltsamkeit auf eine höhere Bewußtseinsebene

Dein Hausarzt ist dein Freund, sollte es sein damit er ein wenig mehr Zeit für dich hat, die Diagnose erst nach reiflicher Untersuchung und nach Abwägung eventueller Irrtümer fällt.

Ich kenne Ärzte, da stehst du im Winter mit drei Pullovern übereinander unter deinem bodenlangen Wintermantel und zwei Schals um den Hals gewickelt da und er knurrt dir ein nur gemurmeltes << Lungenentzündung>> entgegen. Während schon der Drucker ein vorbereitetes Rezept ausspuckt, bei dem du in der Apotheke dann mindestens 20 Euro zuzahlst. Er hat dich noch gar nicht begrüßt und schon siehst du ihn nur noch von hinten und ins nächste Behandlungszimmer stürmen. Mit viel Glück und nur als Dauerpatient, bekommst du noch ein >>gute Besserung<< im vorbeigehen zugeworfen.

Ich jedenfalls habe ein sehr gutes Verhältnis zu meinem Arzt. Auf Grund einiger Ereignisse duzen wir uns und er nimmt sich die Zeit die ich brauche. Außerdem beginnt jede Sitzung bei uns erstmal mit dem Erzählen einiger deftiger Witze, so viel Zeit muß einfach sein.

Ich sehe ihn schon wie er, während ich im Wartezimmer sitze, von einem Behandlungszimmer in das andere schwebt und sich, wie ich finde, unverhältnismäßig viel Zeit für seine anderen Patienten nimmt. Was wahrscheinlich, unter Anderem, daran liegt, daß da ein paar sehr gut aussehende Damen dabei sind.

Nach dem obligatorischen Vorspiel des Witze erzählen, komme ich auf mein Anliegen zu sprechen. >>Ich reise nach Vietnam, was brauche ich für Impfungen<<. >>Vietnam, da waren wir vor 8 Jahren, sind begeistert zurückgekommen, du brauchst eine Impfung gegen Tetanus und ein Kombipräparat Hepatitis A und B<<. Ich überlege kurz >> B brauche ich nicht, ich bin nicht darauf aus mit irgendwelche Damen in die Kiste zu springen<<. Das mit dem Kinderschänder erwähne ich lieber nicht. Er grinst mich an, >>Woher willst du denn das jetzt schon wissen, außerdem willst du unbedingt auch B<<.

Ich frage mich warum er darauf besteht und bekomme postwendend die Erklärung. >> Wenn du nur A nimmst, zahlst du das selber, nimmst du beides, zahlt das die Krankenkasse<<. Das ist doch zum an den Kopf fassen, was soll denn der Unsinn. Das muß man nicht verstehen. Er rückt auch sofort mit den beiden Spritzen an, was mich etwas verunsichert, ich wollte eigentlich nur erstmal eine Auskunft.

Na ja, wenn ich denn schon mal da bin, also hinein mit dem Zeug. Mein Arzt greift grinsend in eine Schublade und legt mir eine blaue Pille auf den Schreibtisch. Ich sehe ihn fragend an und er erklärt mir, dass es sich um Viagra handelt. Mal wieder einer seiner wunderbaren Scherze. >>Heh<< sage ich, >>Ich spiele Golf, ich habe keinen Sex<<. >>Nimm die mal, die Betten in den Abteilen der Züge in Vietnam sind schmal, dann kannst du wenigstens nicht aus dem Bett fallen<< sagt er. Ist schon toll wenn man Freunde hat, die sich um alles Gedanken machen.

Mein Pass mit eingedrucktem 3 Monatsvisum kommt nach ca. zehn Tagen aus Frankfurt zurück, das hat ja wunderbar geklappt und dann noch mit -multiple entry- versehen, was für mich heißt, dass ich womöglich noch nach Kambodscha fliege um mir Angkor Wat anzusehen und dann ohne weiteres Visum wieder in Vietnam einreisen kann.

Ich bin da aber noch unentschlossen, ich werde sowieso alles erst vor Ort entscheiden, lass mich einfach treiben, mal sehen wo ich strande

Vier Wochen nach meiner ersten Dosis hole ich mir die zweite Impfung gegen Hepatitis ab.

Ich lerne wieder dazu, die erste Impfung muß zwingend der Arzt vornehmen, die zweite und dritte dürfen die Arzthelferinnen ausführen. Ich lege meinen gelben Impfpass auf den Counter der Praxis, es gibt eine kurze Diskussion zwischen den netten, jungen Damen wer von ihnen die Impfung ausführen darf. Warum bekommen eigentlich Frauen immer diesen aufgeregten Blick der Vorfreude in die Augen wenn sie Männer quälen dürfen?

Zwischendurch meldet sich eine meiner Freundinnen, sie und ihre Familie wollen um die Weihnachtszeit herum auch nach Vietnam. Wir hatten den Entschluß gefasst, die Weihnachtswoche alle zusammen am Strand von Nha Trang zu verbringen. Sie bittet mich Tickets für den Zug von Hanoi nach Nha Trang zu besorgen und ich surfe ein wenig im Internet herum um ein Reisebüro in Hanoi zu finden das die Tickets in ihr Hotel liefert. Hier stoße ich nun auf etwas, mit dem ich mich wahrscheinlich noch öfter herumschlagen muß. Das Reisebüro ist leicht zu finden. Die Anfrage wird auch blitzartig beantwortet aber man will mir etwas verkaufen, was mit Sicherheit eine höhere Kommission bringt wie ein paar Zugtickets, nämlich einen Flug von Hanoi nach Nha Trang. Die gute Frau am anderen Ende der Welt informiert mich wortreich über das Übel des Unification Trains zwischen Hanoi und Ho Chi Minh City, wie Saigon politisch korrekt heißt. Das wäre nun wirklich nichts für westliche Touristen, sehr unbequem und außerdem würde die Fahrt ungefähr zwei Tage dauern.

Per E-Mail informiere ich sie darüber, daß wir in ihr wundervolles Land kommen um etwas davon zu sehen, der Zug und die 2 Tage sind da genau richtig. So etwas ist allerdings dann keine Antwort wert. Vielleicht habe ich auch nur Pech gehabt mit diesem Reisebüro, allerdings habe ich ähnliches schon in Reiseberichten im Internet gelesen.

Es wird Zeit sich schon mal Gedanken um das Gepäck zu machen. Gott sei Dank reise ich dieses Mal alleine. Die Begleitung einer Frau erfordert unabdingbar ein mehrwöchiges Aufbautraining in einem Fitness Studio, um sich die Kraft anzutrainieren mindestens vier Koffer um den halben Erdball zu tragen. Dazu kommt dann noch die eigene Reisetasche. Vier Koffer, die eine Frau für eine Reise braucht die drei bis vier Monate dauert. Wer einmal mit diesem Gepäck bewaffnet in einen überfüllten Zug eingestiegen ist, für den ist Suizid das kleinere Übel. Außerdem geht einer Frau auf jeden Fall der Gesprächsstoff während dieser Reise nicht aus, >>Ich habe definitiv das falsche eingepackt<<< bekommt man mindestens dreimal die Woche zu hören.

Ich überlege was ich im Hinblick darauf brauche, daß ich mich in überfüllten Bussen und Bahnen durch das Land bewegen möchte. Wenn man mit einer Partnerin gesegnet ist, entfällt dieser Stress der Planung. Die legt dir die Sachen raus die du brauchst >>Ach, nehm doch noch dieses Hemd mit, das passt so schön zu deiner beigen Hose<< oder >> du brauchst noch ein paar braune Schuhe, du kannst unmöglich schwarze Schuhe zu deiner Khaki Jeans anziehen<<. Man nickt dann einfach ergeben mit dem Kopf und packt dann heimlich zwei Drittel der Sachen wieder in den Schrank. Dann ist man bestens ausgerüstet.

Ich werde das mal in abgespeckter Form ähnlich gestalten und zusammenpacken was man minimalistisch so unbedingt braucht, davon lasse ich dann die Hälfte zu Hause. Mit dem Gedanken im Hinterkopf, daß man in Vietnam sehr günstig Bekleidung einkauft, ist das wahrscheinlich das noch zuviel.

Falls jetzt die eine oder andere Leserin auf den Gedanken kommt, das hier wäre frauenfeindlich, sollten Sie mal einer Männerrunde von Globetrottern zuhören, die mit ihren dazugehörigen Damen um die Welt gereist sind. Irgendwie kommt dann immer das Thema, daß die Damenwelt sehr gut mit wenig Bekleidung aussieht. Wozu dann vier Koffer.

Huong Van Sinh ist nach eigenen Angaben Sales Director des Hotels das wir schon im Vorfeld für unsere paar Tage in Hanoi gebucht haben. Da es sich um ein kleines Hotel der Low Budget Klasse handelt, dürfte Sales Director wohl gleichlautend mit Eigentümer sein. Egal, jedenfalls hat der Mann erkannt was Marketing bedeutet. Nachdem ich das Hotel mit der Frage angeschrieben habe, ob hier wohl ein Reiseservice vorhanden sei, kommt sofort eine E-Mail zurück.

Alles kein Problem, das Hotel hat einen hervorragenden Reise und Buchungsservice mit einer hundertprozentigen Geld zurück Garantie, falls dieser Service nicht zufrieden stellend ausfällt. Was immer das auch heißen mag.

Außerdem weißt er darauf hin, dass seine lieben Mitbürger die mit ihrem Taxi am Airport herumlungern und eine Fahrt Airport-Stadthotel zum Fixpreis anbieten, alles große Gauner sind. Sie erhöhen am Ende der Fahrt den Preis oder liefern den Fahrgast dann in einem anderen Hotel ab. Welches natürlich dann auch noch weit entfernt vom ursprünglich gebuchten liegt, so daß man noch einmal ein Taxi braucht, falls man nicht völlig übermüdet von der Reise und nur noch mit einem Bett vor den Augen, ergeben das Angebot des Taxifahrers annimmt, einen Sonderpreis für die Nacht auszuhandeln. Morgen kann man dann ja ins gebuchte wechseln. Alle sind am Ende zufrieden, ich habe mein ersehntes Bett, der Hotelchef einen zahlenden Gast und der Taxifahrer seine Provision. Das ist in einem sozialistischen System die Kleinkunstbühne des Kapitalismus.

Das steht so ähnlich auch in den meisten Reiseberichten im Internet, also buche ich auch noch eine Transporteinheit Airport zum Hotel. Im Reiseführer steht etwas von 10 USD Fixpreis fürs Taxi, Mr. Huong verlangt 15 USD, das ist O.K. wenn man den Stress vermeiden möchte und mit der Überlegung, dass wahrscheinlich der angegebene Preis im Reiseführer sowieso überholt ist.

Für das besorgen der Bahntickets berechnet er 2 USD pro Ticket, viel für ein Land in dem das Durchschnittseinkommen ca. 150 USD im Monat beträgt. Erschreckend wenig wenn man westlichen Standard zu Grunde legt.

Na also klappt doch alles wunderbar und wieder einmal wie aus dem Lehrbuch wie gehe ich mit asiatischer Mentalität um. Viel Geduld, nie entnervt aufgeben und das erste Angebot akzeptieren. Immer höflich und lächelnd sehr bestimmt seine Ansprüche und Vorstellungen durchsetzen. Wenn es beim ersten Ansprechpartner nicht klappt, der nächste wohnt nur um die Ecke.

Auf meinem Weg nach Hanoi fliege ich erst noch Dubai an, ein paar arabische Freunde besuchen, liegt quasi auf dem Weg und, als sehr angenehmer Nebeneffekt, ich muß nicht 12 Stunden nach Hanoi durchfliegen.

Ich werde wieder einmal von der Gastfreundschaft dieser Menschen überwältigt. Allerdings versteht hier niemand warum ich nun unbedingt drei Monate nach Vietnam möchte. Deutschland könnte man doch auch in einer Woche besuchen und hätte alles Wichtige gesehen. Vietnam sei doch nun wirklich nicht größer als Deutschland. Wenn man bedenkt, dass viele meiner Freunde sich in München vom Hotel ins nächste Restaurant fahren lassen, dann in der Hotellobby nachmittags einen Kaffee trinken gehen um danach in der Fußgängerzone die Läden leer zu kaufen, ist das natürlich ein unschlagbares Argument. Was kann man sich sonst denn noch anschauen, Fußgängerzonen sind doch schon so ausgestattet, daß man wunderbare Photos machen kann um zu Hause jedem klar zu machen, dass Deutschland viel schöner ist als der Rest der Welt. Weil es in diesen Strassen dort Bäume, Brunnen und im Sommer halbnackte Mädchen gibt und weil man von einem Shop zu anderem nicht länger braucht wie in einem der riesigen Einkaufscenter von Dubai.

Nach 4 Tagen Dubai geht es weiter, ich fliege mit China Southern Airline erstmal nach Guangzhou. Das hieß früher Canton. Wahrscheinlich hat man es dauernd mit der Schweiz verwechselt, jedenfalls wurde es in Guangzhou umgetauft. In Guangzhou soll ich zehn Stunden Aufenthalt haben um dann von dort aus weiter nach Hanoi zu fliegen. Der Flug geht ab Dubai um ein Uhr Nachts, sollte er jedenfalls. Nachdem ich in dem Gewirr dieses Wahnsinnsflughafens endlich meinen Leihwagen losgeworden bin, erfahre ich am Counter, dass der Flug fünf Stunden Verspätung hat. Egal, wo ich warte spielt keine Rolle.

Alles verläuft dann planmäßig, das Flugzeug ist neu, der Sitzabstand einigermaßen in Ordnung und ich genieße den Flug, der mich an das Ziel meiner Träume bringt. Natürlich nur bis zu dem Augenblick als sich der Steward beim servieren eines Orangensaftes entschließt mir diesen über die Hose zu gießen. Hektik kommt auf.

Der Steward kommt mit einer Tücherbox und reibt mir die die Hose ab, natürlich auch in der Gegend von meinen edlen Teilen, während seine Kollegin mit anderen Tüchern meine Schuhe sauber reibt. Anders herum wäre es mir lieber gewesen.

Ich beruhige mich wieder, bis zur Landung. Wahrscheinlich gab es auf diesem Flug gar keinen Piloten und der Flieger wurde vom Autopiloten geflogen, so daß bei der Landung dieser ungeschickte Steward als Pilot fungieren muss. Jedenfalls setzt der Flieger nur mit den Rädern auf der rechten, oder war es die linke, Seite auf und fängt an zu schlingern. Ich warte darauf, dass die Gepäckabteile sich öffnen und Gepäck herausfällt aber Flugzeuge überstehen fast jeden Unsinn. Überall Gekreische, chinesisches Gejaule hört sich für uns Europäer an als ob man einem Frosch in die Eier tritt.

Hat ein Frosch Eier zwischen den Schenkeln? Das muss ich noch mal googeln! Der Steward kriegt dann endlich das Flugzeug in den Griff. Wahrscheinlich als Wiedergutmachung für meine feuchte Hose lässt er mich und meine Mitreisenden am Leben, und rollt an den Flugsteig.

Ich habe keine chinesischen Freunde, ich weiß auch nicht so recht ob ich welche haben möchte. Die Banken in China besitzen schon die USA und Morgen vielleicht noch Europa. Das macht mir die Menschen dort unheimlich. Muss ich Übermorgen vielleicht Mandarin lernen und werde Kommunist? Wenn man an ein chinesisches Transfer Desk und danach an die Immigration an einem Flughafen kommt, verstärkt sich der negative Eindruck noch um ein Vielfaches. He, diese Typen sind einfach rüde im Umgang, da ist nichts mit höflicher Chinamann, respektive Frau. Kommandoton ist hier angesagt.

Das erste was ich sehe ist ein Schild - Formulare für Aliens! Habe ich doch gewusst, die halten uns für Ausserirdische. Warum ich im Transfer durch den Einwanderungsschalter muss, keine Ahnung oder vielleicht doch, hier wird man photographiert, die Iris gespeichert und die Passdaten festgehalten. Jemand verschwindet dann eine halbe Stunde mit dem Pass.

Wenn die uns irgendwann mal übernehmen, wissen sie auf jeden Fall wo man wohnt und wie man aussieht. Wehe man hat dann keine Mao Bibel zu Hause im Schrank.

Nach fünf Stunden geht es weiter nach Hanoi, der Steward hat schon Feierabend, also haben sie dieses Mal einen richtigen Piloten im Cockpit.

Immigration, also die Einreise am Flughafen dauert bei mir in Vietnam zehn Minuten. Mein Gepäck habe ich zwanzig Minuten nach der Landung. Na also, klappt doch in Asien. Am Ausgang steht ein Fahrer mit einem Pappschild, auf dem mein Name steht, in der Hand. Es regnet und es ist inzwischen 23:00 Uhr. Wir rasen über irgendetwas was wie eine Autobahn aussieht Richtung Stadtmitte.

Ich stelle mir vor hier gebe es so etwas wie Verkehrsfunk im Radio, eine warme einschmeichelnde Stimme einer gut aussehenden Moderatorin betet alle halbe Stunde die Staus herunter, dann lehnt sie sich entspannt zurück und genießt ihren Kaffee.

Das wäre hier anders, alle zwei Minuten würde das Radioprogramm von einer aufgeregten Sprecherin mit den Nachrichten unterbrochen. >>Achtung ein Falschfahrer auf der A 8. Auf der linken Spur kommt ihnen ein unbeleuchtetes Fahrrad entgegen, der Fahrer ist unter der Transportlast nicht zu erkennen, flüchten sie sofort von der Spur<<. Oder >>von links oder rechts aus den Seitenstrassen queren wildgewordene Mopedfahrer die Autobahn, machen sie die Augen zu und fahren sie geradeaus weiter<<.

Ich nehme an, die Halbwertzeit einer Verkehrsnachrichten-sprecherin betrüge hier ungefähr 3 Tage, dann würde sie sich freiwillig in ein Irrenhaus begeben.
Ich lande sicher und wohlbehalten vor einem Hotel, wohlgemerkt nicht vor dem von mir gebuchten, sondern irgendwo an der Peripherie im Chaos. Der Fahrer telefoniert, reicht mir sein Handy, eine freundliche Stimme verkündet mir, dass das von mir gebuchte Hotel leider voll sei.

Morgen würde man mich abholen, dann stünde selbstverständlich mein Zimmer bereit. Ich kapituliere, ich bin müde, fast 24 Stunden unterwegs, will nur noch schlafen. Das Zimmer hat den Charme einer Gefängniszelle, nur etwas größer. Total vergammelt, das Handtuch möchte ich nicht benutzen, die Dusche ein einfacher, rostiger Metallschlauch der lustlos irgendwo im Nirwana herumhängt. Wenigstens das Toilettenbecken ist einigermaßen sauber.

Ich versuche zu schlafen, aber es hört sich an als ob die Mopeds von der Autobahn mich verfolgt haben und durch mein Zimmer rasen. Am nächsten Morgen bringt mich ein Fahrer mit dem Motorbike in das von mir gebuchte Hotel, viel besser ist auch das nicht, aber O.K. ich wollte es ja so.

Motorbikes sind hier Fortbewegungsmittel Nummer Eins. Ich nenne sie eine Hupe mit Motor und 2 Rädern. Strassenüberquerungen sind abenteuerlich, haben in jedem Actionfilm Bestand.

Man seht an einer Kreuzung und geht am besten in dem Moment über die Strasse wenn alles sich in die Richtung in die man geht in Bewegung setzt, das ist am spannendsten. Die Dinger heißen hier Xe Om, das spricht sich wie das englische say Om und hat etwas Buddhistisches. Jedenfalls murmelt man während der ganzen Tortur der Strassenüberquerung am besten alle zwei Sekunden >>Om<<. Das hilft, man wird gelassen und sieht den 500 Fahrzeugen die auf einem zurasen ohne Angst entgegen. Aus diesem say Om haben die Vietnamesen dann Xe Om gemacht.

Reiseführer in Taschenbuchform machen zwei Arten von Menschen glücklich. Diejenigen die diese Bücher schreiben und Mitarbeiter der Reiseindustrie. Alles Beschriebene ist irgendwie schön, ursprünglich, authentisch.

Ein Naturerlebnis der ersten Klasse, charmant und was einem noch so einfällt. Würde man die ungeschminkte Wahrheit schreiben, würde der normale Pauschalreisende diese Bücher nicht kaufen, reist dann nicht in Länder wie Vietnam und die Reisebüros verkaufen weiter zum Erbrechen Mallorca und die Kanaren. Bezogen auf Vietnam und vor allem in den großen Städten findet sich der Reisende unvermittelt in einer Welt wieder, die, nach unserem Standard nun mal nicht zu den saubersten Reiseländern gehört. Plastiktaschen, so hat man den Eindruck, wachsen hier auf Bäumen und der Wind weht die alle halbe Stunde herunter. Die Strassen sind müllgesäumt. Zwar wird der Müll des Nachts abgeräumt, die Müllabfuhr funktioniert, aber spätestens wenn die Geschäfte öffnen ist alles wieder beim Alten. Natürlich gibt es auch unverfälschte Natur, aber die sieht man in erster Linie mal aus dem Busfenster, während einer gebuchten Tour mit Unterbrechungen in Herstellerbetrieben oder Ähnlichem. Oder man mietet sich ein Motorbike und erkundet die Gegend um sich herum eigenständig. Die Photostops werden auf dieser Tour dann allerdings zum Megaerlebnis. Wer es schafft, individuell zu reisen, trifft auf jeden Fall auf fast unberührte Landschaften.

Plastiktüten sind natürlich überall und gehören zum Landschaftsbild aber vor allem trifft man meistens auf sehr nette, freundliche Einheimische.

Mancher Lacher über die Verständigung ist vorprogrammiert und man geht freundlich winkend auseinander.

Natürlich sind gedruckte Reiseführer nützlich, man findet schneller zu den Highlights des Landes, hat Stadtpläne zur Hand und die Erklärungen über Land und Leute stimmen vielfach mit der Wirklichkeit überein. Der Nachteil ist einfach darin zu sehen, dass man diesen Wälzer tagelang mit sich herum schleppen muss. Aus meiner Erfahrung heraus, sind allerdings die empfohlenen Hotels und Restaurants mit Vorsicht zu betrachten.

Ich lande auf der Rückreise in Hanoi in einem empfohlenen Hotel in der Altstadt, indem, laut Reiseführer, vorzugsweise deutsche Reisende absteigen und das Hotel wird als sehr sauber angepriesen. Außerdem wird der hervorragende Service gelobt. Ich bekomme ein Zimmer im fünften Stock zugewiesen. Das bedeutet erst einmal Kraftsport um die Reisetasche über enge Stiegen nach oben zu schleppen. Ein kleiner Balkon bietet die Aussicht auf die Dächer der Altstadt, etwas Entfernung vom Straßenlärm und kostenloses Mithören von zehn verschiedenen TV Programmen aus den umgebenden Häusern.

Das Zimmer ist groß und sauber und das Badezimmer, wie immer, landestypisch. Über landestypische Badezimmer kann man sicherlich Romane verfassen, aber irgendwann gibt der Geist auf sich darüber Gedanken zu machen.

Als Begrüßungsgeschenk oder weil der Reiseführer vermeldet, daß es zum Service des Hauses gehört einen täglichen Obstteller bereit zu stellen, liegt eine schöne große Birne auf einem Teller nahe des Bettes. Ich mag keine Birnen, also liegt das gute Stück am nächsten Morgen noch auf dem Teller. Allerdings fehlen größere Teile der Birne und man kann deutlich Bissspuren erkennen. Ich suche sofort das Zimmer nach möglichen Mitbewohnern ab, vielleicht liegt der letzte Gast ja noch hungernd unter dem Bett.

Bei meiner Suche finde ich heraus, dass die Balkontür nicht richtig schließt, es gibt eine kleine Lücke in der Tür.

Auf Grund der Größe der Bissspuren sagt der Sherlok Holmes in mir, dass es sich um eine Ratte gehandelt haben müßte, die mir nächtlich einen Besuch abgestattet hatte. Nebenbei freue ich mich darüber, daß das Tier nicht auch noch die Bierdosen in meiner Minibar öffnete und danach seinen Rausch neben mir im Bett ausschlief.

Ich informiere fröhlich die nette jungen Dame an der Rezeption. Grosses Entsetzen, mehrfaches Versprechen die Tür sofort zu reparieren. Die Entschuldigungen überschlagen sich. Ich mache mich erstmal auf den Weg die Altstadt zu erkunden. Als ich spät abends in mein Zimmer zurückkomme, liegt eine neue Birne auf meinem Teller.

Die Lücke in der Tür ist immer noch vorhanden. Ratten haben die unangenehme Eigenschaft immer wieder an Futterplätzen zu erscheinen, wenn man Pech hat, bringen sie auch noch ein paar Kameraden mit.

Diese Ratte mochte, im Gegensatz zu mir, jedenfalls Birnen also kam sie wieder. Am nächsten Morgen ziehe ich aus, ich mag keine Besucher in der Nacht.

Hanoi hat etwas, sagt mir jemand der schon mal da war in einer Unterhaltung, dann folgt erstmal eine Pause um die Ernsthaftigkeit dieser Aussage zu unterstreichen, ein langes Nicken mit dem Kopf und dann der Höhepunkt mit dem Spruch, >>das wirst Du aber am besten selber herausfinden<<. Natürlich frage ich mich sofort, was denn die Menschen die so etwas vor sich her murmeln gemeint haben. Also der erste Eindruck hat schon etwas, ich glaube nur nicht das was die lieben Leute so von sich geben wollten.

Hanoi ist laut, es stinkt nach Abgasen, es ist dreckig und es ist vergammelt, jedenfalls dort wo der Grossteil der Bevölkerung wohnt, nicht dort wo die Funktionäre der Partei und die vielen Menschen leben die mit Geschäften oder mit dem Betrügen von anderen Menschen reich geworden sind, was wohl hier in fast jedem Fall den gleichen Hintergrund hat. Riesige Villen in großen Gärten, alle hinter hohen Mauern, damit das gemeine Volk nicht sieht, dass die Suppe nicht in einfachen Keramiken serviert wird. Abgesichertes Viertel, überall Polizisten die sich hier im Wachdienst die Füße in den Bauch stehen und manchmal noch Extra Security. Wehe man bleibt dort stehen, dann wird man sofort weiter gescheucht oder auf die andere Straßenseite verwiesen. Im Gewirr der Altstadt merkt man nichts davon, da geht man zwischen den Fahrzeugen auf der Strasse, murmelt Om und würde sich gerne auf den Bürgersteigen fortbewegen. Das geht aber nicht, da liegen schon jede Menge Waren rum, haben sich Minigarküchen etabliert und dort parkt die andere Hälfte der Mopeds die nicht gerade wild hupend auf jemanden zurast. Irgendwo habe ich gelesen, Hanoi hätte einen morbiden Charme und man müsste hier herkommen solange es noch authentisch ist. Das mag ja sein, einen morbiden Charme habe ich in meinem fortgeschrittenen Alter auch entwickelt, ob das so toll ist weiß ich nicht. Auf jeden Fall sind die Menschen hier sehr freundlich, wenigstens solange wie sie vermuten, du würdest in irgendeiner Form Geld für sie locker machen. Falls du das ablehnst, sind sie plötzlich nicht mehr deine Freunde.

Natürlich verallgemeinere ich das hier, es gibt überall sehr freundliche Menschen, ich glaube sogar in China wird man welche finden.

Auch wenn sich das hier nicht so anhört, mir gefällt dieses morbide Chaos, jedenfalls ist es mal nicht das mehr oder weniger durchgestylte Europa.

Wenn man nicht sofort an Lungenkrebs sterben will weil man in der Fahhradrikscha in Höhe eines Motorradauspuffs sitzt und das Kohlenmonoxyd direkt in die Lunge geblasen bekommt, sollte man Hanoi zu Fuß erschließen. Schöne Alleen mit altem Baumbestand, rechts und links Villen aus der Kolonialzeit, die in großen Gärten liegen. Gelb ist hier die vorwiegende Farbe der Häuser, die hier über die umgebenden Mauern herausragen. Ab und zu eine Pause bei einem Kaffee oder Hanoi Bier auf Kindergartenstühlen auf dem Gehweg und man ist fit für die nächsten drei Kilometer Strasse. Die Preise für Essen und Trinken bewegen sich weit unter dem Standard der restlichen Welt wenn man sich nicht gerade in einem der fancy Restaurants befindet, das heißt nicht Garküche direkt an der Strasse sondern durchaus kleine nette Restaurants.

Menschen mit schmalem Budget fühlen sich hier durchaus wohl. Nett sind auch die Trägerinnen von allerlei Leckereien, sei es Gebäck oder Früchte. Leider haben die Damen den Drang uns Langnasen kräftig auszunehmen. Ich treffe eine junge Frau die ihr Schmalzgebäck in zwei Körben an einer Stange über der Schulter durch die Strassen trägt, sie tütet sofort mehrere Gebäckstücke in einen Plastikbeutel und will 100. Ich denke noch, he das ist aber preiswert und grabe nach einem kleinen

Geldschein. Aber sie zeigt auf einen 100 000 Dong Schein und zieht ihn mir freundlich grinsend aus der Hand. 4 Euro sind futsch. Wieder was gelernt, aufpassen und den Preis auf ein realistisches Niveau drücken heißt die erste Bürgerpflicht. Am besten sofort umrechnen, das hilft auf jeden Fall.

Verdenken kann man ihnen das nicht, wir schlafmützigen Touristen haben es nicht besser verdient, würde ich wahrscheinlich auch so machen wenn ich mein Geld mühsam auf der Strasse verdienen müsste.

Irgendwo unterwegs kaufe ich am Straßenrand eine kleine Flasche Wasser. Die junge Verkäuferin gibt etwas von sich was sich wie 6000 Dong anhört. Ich wiederhole es noch mal, also 6000 Dong, und krame meine losen Geldscheine aus der Tasche. Während ich die Scheine zusammensuche, entreißt sie mir plötzlich einen 50.000 Dong Schein, der blitzschnell in ihrer Tasche verschwindet. Dabei grinst sie mich fröhlich an. Ich finde das nett, wenn man schon bestohlen wird, sollte der Dieb wenigstens lächeln, soviel sollte man für sein Geld eigentlich erwarten können. Ich verlange mein Wechselgeld, aber da versteht sie plötzlich kein Englisch mehr, ignoriert mich einfach und unterhält sich weiter mit ihren Freunden.

In Hanoi am Westlake finde ich ein kleines Cafe. Cafe heißt, hier trinkt man vorzugsweise Bier, die Flasche für umgerechnet 60 Cent. Ein freundlicher Mensch bringt mir ein Bier, verschwindet wieder in den Tiefen des Ladens. Alle Augenblicke kommt er wieder raus und nimmt von anrollenden Motorradfahrern Bündel von Geld entgegen. Die Bündel entsprechen ungefähr meiner Urlaubskasse von 3 Monaten. Ich denke sofort daran auch so ein Cafe aufzumachen und die Motorradfahrer zu mir umzuleiten. Dann allerdings taucht irgend so ein Typ auf, setzt sich an meinen Tisch und steckt sich eine Pfeife an. So ein Meter Bambusrohr mit einem aufgesetzten Kopf um da etwas zum Glimmen zu bringen. Er macht einen tiefen Zug, bläst aus wie ein Wal beim Auftauchen und legt die Pfeife in einen am Tisch stehenden Eimer. Fröhlich grinsend hält er mir eine Tüte mit grünem Zeugs hin und legt es dann, als ich mit dem Kopf schüttele, auf den Tisch. Hier bedien dich, kostet nichts. Mein Freund, das ist Gras, Marihuana und nicht wenig. Ich stehe sofort auf, gehe ins Lokal, zahle und als ich rauskomme ist das Gras vom Tisch verschwunden. Also, erstens war das wohl mal gepflegt ein Drogen-umschlagsplatz, bei dem Geld was da rein kam und zweitens will ich mit dem Zeugs absolut nichts zu tun haben. Außerdem weiß ich nicht, ob der Typ mir nicht die Bullen auf den Hals hetzt, weil die mal wieder einem dämlichen Touri den Prozess machen wollen um von ihren eigenen Geschäften abzulenken.

Hier in Hanoi, in Mitten der Touristenströme betreibt Xuan, eine junge Vietnamesin, eine Galerie. Ich bleibe vor den Bildern hängen. Normalerweise findet man hier in den Galerien viele gleich aussehende Bilder, die sich wahrscheinlich kein kunstbeflissener Mensch zu Hause aufhängen würde. Kitsch as Kitsch can und Kopien ohne Ende. Nun gut, über Geschmack lässt sich streiten. In dieser Galerie finde ich allerdings einige herausragende Stücke, die ich mir eingehend ansehe. Xuan und ich kommen ins Gespräch. Sie erklärt mir bei einigen Bildern etwas über den Maler, weist mich auf Besonderheiten hin und lässt dabei kleine Geschichten über ihr Land und ihr Mitmenschen vom Stapel.

Als sie mir dann noch einen Tee anbietet, wird daraus dann doch eine etwas längere Geschichte die damit endet, dass wir unsere E-Mail Adressen austauschen. Allerdings erklärt mir Xuan dabei etwas enttäuscht, dass sie das schon öfter mit Touristen gemacht hätte und dabei herauskam, dass ihre Mails niemals beantwortet wurden. Nun gut, man ist in Urlaubslaune, sammelt alle Adressen die man findet und kaum jemand findet dann zuhause die Zeit Mails aus Vietnam zu beantworten.

Bei mir ist es anders, ich finde es spannend mich mit Menschen aus anderen Kulturen auszutauschen, etwas über den Alltag meiner Freunde in fernen Ländern zu erfahren und ihnen etwas über mein Leben mitzuteilen. Ich stehe nach wie vor mit Xuan in Kontakt und freue mich über jede Mail die ich bekomme, obwohl ich glaube, dass wir uns wohl nicht wiedersehen werden.

Meine Tage in Hanoi gehen langsam zu Ende, ich buche den Re-Unification Train nach Nha Trang. 1. Klasse.
Das heißt Vierbett Abteil mit Matratze auf den Gitterpritschen die mit Ketten an den Wänden befestigt sind damit man sie hochklappen kann. So ein Abteil hat den Charme einer Gefängniszelle ohne Klo und Waschbecken. Sitzen kann man nur wenn man liebe Mitmenschen als Mitreisende hat, die einen auf den untersten Betten eine Weile sitzen lassen, wenn nicht, bedeutet das 24 Stunden liegen.

Ich kaufe noch schnell vier trockene Baguette am Bahnhof, wieder Abzocke. Sechs Euro, take it or leave it. Und immer Frauen die dir grinsend erklären, das wäre der absolute Tiefpreis. Der Zug fährt gleich, also schnelle Entscheidung, entweder teures Brot oder den unhygienischen Fraß an Board vor dem mich sogar die Vietnamesen gewarnt haben. Ich habe Glück, meine Mitreisenden sind zwei englische Ladies in den späten 60ern und ein junger mitreisender, vietnamesischerer Guide, der als erstes mal eine Flasche selbstgebrannten Reisschnaps auf den Tisch stellt. Dazu gibt es englische Cracker und kleine Bananen. Die Ladies sind very britisch, den Humor muss man erst mal aus seinem Versteck hervorholen, alles sehr trocken um nicht zu sagen fast schon vertrocknet. Wir kommen ins Gespräch, es stellt sich heraus, dass beide von ihren Männern geschieden sind. Irgendwie taucht der Macho in mir auf, was ein Glück für die Ex Männer. Wir sprechen über die Reisen die die beiden bisher gemeinsam gemacht haben. Mittelteure Hotels und im Ausland immer einen Guide gebucht, der die vielen Koffer schleppt, Ausflüge und Restaurants bucht und geduldig alle auch noch so skurrile Fragen der Ladies beantwortet.
Ich erkläre ihnen, das ich nicht bereit bin mehr wie 20 US Dollar für eine Nacht auszugeben, die Zimmer sind weitestgehend O.K.

und ich benutze sie nur zum Schlafen und duschen, den Rest des Tages verbringe ich auf der Strasse. Sowohl der Vietnamese wie auch die Ladies schauen mich entsetzt an, das geht nun mal gar nicht, unter 100 USD kann man nicht logieren, na dann.

Nach dem fünften Reisschnaps wird es immer lockerer. Für die Damen bin ich ein in die Jahre gekommener Backpacker der sich alleine durch diesen Dschungel kämpft. Schrecklich, aber interessant. Irgendwann schalten wir das Licht aus, jeder verschwindet in sein Bett. Die Ladies schlüpfen in ein dünnes Etwas das wie ein Ganzkörperkondom aussieht. Schutz gegen allen Unbill des Lebens, Dreck, Ungeziefer und Männer oder sollte ich die Reihenfolge ändern. Der Zug rattert durch die Nacht. Ab und Zu fehlen ca zehn cm Schiene in den Gleisen. In die Lücke poltern dann die Räder, das Bett bebt und weiter geht es.

In Hue steigen die drei aus. Natürlich muss mir der Guide noch einen mitgeben, also erklärt er mir unter Gelaechter, dass jetzt drei Betel kauende Vietnamesen zusteigen würden, die alle zwei Minuten den Betelsaft durch die Gegend spucken. Ich wünsche ihm auch eine gute Weiterfahrt.

Natürlich habe ich Glück, ein junges amerikanisches Pärchen, frisch verliebt, auf Hochzeitsreise steigt zu. Er schleppt drei Riesenkoffer und ein eingepacktes Bild in das Abteil, dazu zwei Rucksäcke. Das Bild, eine der vielen Kopien einer Kopie, hätten sie sicherlich auch in New Yorks China Town kaufen können, aber es ist ja nun doch etwas Anderes ,wenn man es aus einem fernen Land mitbringt.

Alan und Laura, beide Mitte Zwanzig, entpuppen sich sehr schnell als sehr angenehme Zeitgenossen. Bewaffnet mit der typisch amerikanischen Naivität, lassen sie das Leben auf sich zu rollen, in diesem Fall umgesetzt durch einen Zug. Vietnam finden sie spannend, Hochzeitsreise mal in einer anderen Dimension. Wenn er sich nicht in vierzig Jahren sein Kreuz mit dem schleppen ihrer Koffer ruiniert hat und einsam und geschieden in einem amerikanischen Altersheim sein Leben dem Whiskey widmet, haben die beiden ihren Enkelkindern sicher viel zu erzählen.

Auf einer anderen Strecke lerne ich eine junge vietnamesische Ärztin kennen, die zu einem Ärztekongress unterwegs ist. Erst sitzen wir lange zusammen auf meinem Bett, sie stellt Fragen über Fragen. Über mein Leben, über Deutschland. Das politische Profil unseres Landes interessiert sie am meisten, was mich allerdings in Schwierigkeiten bringt, weil ich überlegen muß, ob wir überhaupt so etwas wie ein politisches Profil haben. Natürlich gibt es auch Fragen über unser Gesundheitssystem und ich versuche ihr zu erklären, dass nur Lobbyisten der Gesundheitsindustrie wüssten, wie man das in den Tiefen dieses Systems vernichtete Geld, auf die Bankkonten der Branche umleitet. Das sie diese Auskunft nicht versteht, begreife ich, wer bitte schön versteht das bei uns.

Nachdem es dann sehr spät geworden ist, murmelt sie etwas von müde und früh auf und fit für den Kongress.

Mir fällt sowieso nichts mehr ein und bin dankbar für die Ruhepause. Aber kaum hat sie sich schräg über mir auf dem Bett eingerichtet, kommt schon ihr kleiner Kopf wieder über den Bettrand und die Fragen gehen weiter bis tief in die Nacht. Wir tauschen noch Adressen aus, man weiß ja nicht ob man mal einen Arzt in Vietnam braucht.

Aber zurück zu meiner ersten Zugfahrt in Vietnam. Nach 24 Stunden erreicht der Zug Nha Trang. Vor dem Bahnhof wartet mein Freund aus Deutschland mit dem Hotelbesitzer Mr. Bu, der bei einem Aufenthalt in seinem Hotel als Service einen kostenlosen Shuttle anbietet. Es ist schon ein wunderbares Gefühl, wenn man tausende Kilometer von zu Hause auf einem Bahnhof steht, ein Freund einem auf die Schulter klopft und man sich bei der Begrüßung in die Arme fällt.

Wir fahren durch die Dunkelheit zu Mr. Bu ins Hotel am Stadtrand von Nha Trang, der mir dann auch noch mitten in der Nacht anbietet mir eine heiße Suppe zu servieren. Mein Dank ist grenzenlos nach den trockenen Broten gemischt mit Reisschnaps. Wir spülen erstmal unsere Wiedersehensfreude mit einigen Dosen Bier hinunter, das habe ich jetzt gebraucht

Wir hatten uns vorgenommen zusammen mit der Familie meines Freundes Weihnachten auf einer kleinen Insel verbringen.

Seine Frau und die Tochter haben nun schon ein paar Tage dort drüben verbracht.

Am nächsten Tag geht es mit Bus und Boot auf die Insel. Ein kleines Paradies mit sauberen Bambushütten an einem schönen kleinen Sandstrand. Am Ende der Bucht das Haupthaus mit Restaurant und Bar, nettes Personal, eine kleine Rezeption im Hintergrund. Das Resort wird von einem Franzosen geführt, der mit einer Vietnamesin verheiratet ist. Auf jeden Fall hat sich dieser Mensch hier wohl einen Traum von seinem persönlichen Paradies erfüllt. Das Restaurant offeriert französische Küche mit vietnamesischem Einfluß. Alles ist Bestens, sogar die Auswahl der Weine erfüllt unsere Erwartungen. Mir gelingt es dann auch noch den Preis für den Aufenthalt auf ein vernünftiges Maß zu drücken.

Vom Hotel weg führen kleine Wege durch den Dschungel hügelaufwärts auf die andere Seite der Insel. Ich fühle mich ein wenig wie Robinson Crusoe als wir uns auf dem schmalen Pfad durch dschungelartiges Unterholz den Hügel herauf bewegen.

Auf der anderen Seite der Insel erwartet uns ein kleiner Strand mit einem atemberaubenden Blick aufs Meer. Nahe am Strand haben sich auf dem Wasser Fischer niedergelassen und leben dort in schwimmenden Hütten.

Wir nehmen einen anderen Weg zurück. Mein etwas wahnsinnig angehauchter Freund, der früher einmal als Free Climber unterwegs war, erklärt uns wir sollten die Abkürzung zurück über die Felsen am Strand nehmen.

für ihn kein Problem, er hat schon alles bestiegen was Hügel hat, als Junggeselle Frauen und später als Ehemann dann nur noch Felsen, Grate und irgendetwas sehr hohes in Nepal. Seine Frau hat mit ihm schon so viel mitgemacht, dass sie sofort klaglos anfängt zu klettern.

Felsen sind mir unheimlich, wenn man drauf fällt geben die nicht nach wie zum Beispiel Frauen oder Gummimatten. Klettern war nie mein Ding, Gymnastik auch nicht, also bin ich entsprechend steif. Obwohl ich die richtigen Schuhe anhabe, geht es doch sehr langsam voran. Ein paar kräftige Arme zwischendurch die mich schieben und ziehen sind da schon sehr hilfreich. Der ganze Kletterkurs endet wie vorausgesehen.

Nasse Felsen sind rutschig, sehr rutschig. Meine Füße bewegen sich gen Himmel und ich lande mit meinem Hintern auf einem Stein und werde von Wellen überspült. Nasse Schuhe, nasse Klamotten, der Rest der Tour dann nur noch als nasser, ziemlich unbeweglicher Sack. Von den Schmerzen im Hintern rede ich hier nicht, ich bin ein Mann, ich kann was aushalten.

Aua.

Leider müssen wir nach vier Tagen das Resort verlassen. Unsere Hütten sind jetzt über den Jahreswechsel hinaus schon seit längerer Zeit ausgebucht. Der Hotelmanager besorgt uns einen Kleinbus mit Fahrer und ein, wie er meint, schönes Hotel in Mui Ne in der Hon Ron Bucht am Strand.

Sieben Stunden später, nach langer Fahrt mit einem Privatfahrer stehen wir vor dem Hotel, besichtigen die Zimmer. Die Wände und Decken der Räume sind mit Schimmel überseht, es ist schmutzig und es stinkt erbärmlich. Dazu kommt noch ein unverschämter Preis. Wir parken erstmal unsere Koffer in den Zimmern und trinken am Strand ein Bier. Der Strand entpuppt sich als Rummelplatz, sieht aus wie eine Abfallhalde, ein paar Hundert sehr laute Vietnamesen picknicken im Sand, ein paar Ratten gibt es natürlich auch, die sich die Leckereien aus dem Abfall holen.

Wir beschließen, eine Nacht zu bleiben und uns am nächsten Morgen nach einem vernünftigen Hotel umzusehen. Circa 800 Meter weiter finden wir an der Strasse das Restaurant von Mr. Ha. Erst einmal spülen wir unseren Frust mit ein paar Dosen Bier hinunter und vertilgen ein Kilo gegrillte Shrimps . Wir sprechen Mr. Ha auf die Situation an, er zeigt uns seine Zimmer. Wir buchen spontan für drei Nächte, die Zimmer sind einigermaßen O.K. und an den Strand müssen wir nicht unbedingt. Wie die Diebe in der Nacht schleichen wir uns ins erste Hotel, die noch nicht ausgepackten Koffer sind schnell auf der Strasse, die Schlüssel lassen wir stecken. Gott sei Dank haben wir unsere Pässe noch nicht abgegeben, so dass wir dem ganzen Theater mit den Hotelangestellten aus dem Weg gehen.

Am nächsten Morgen mieten wir uns Motorbikes und fahren am ein Stück ins Land. Immer an der Küste entlang und nach etlichen Kilometern finden wir ein angefangenes und nicht fertig gestelltes Resort, dass heißt eigentlich nur einen vier Meter hohen Megazaun mit angrenzender Mauer die sich scheinbar kilometerweit um das geplante Resort zieht. Dahinter drei Kilometer feiner Sandstrand, niemand hier, der Strand wird von uns erobert. Erstmal klettern wir über den Zaun. So ganz alleine sind wir nicht, kurz vor dem Strand eine umbaute Hängematte mit einem Wächter drin, der zumindestens ein Auge über den Mattenrand hebt. Auf unser Winken hin, müde Handbewegungen, das kann alles bedeuten.

Das ist hier jedenfalls mal unser Land, hier stecken wir unsere Fahne an den Strand. Die See rollt gemächlich gegen den Strand. Das Leben ist schön.

In unserem Hotel treffen wir auf Alan aus Australien, Mitte 60, klein, abgemagert und lautstark. Angeblich war er im amerikanischen Krieg hier in der Military Intelligence also so ein australischer James Bond. Also in die Tunnel der Vietcong passt er auf jeden Fall, in die Einstiegslöcher zur Not sogar vertikal. Er erklärt uns unter vielen >>fuck them<<, das der Hotelbesitzer sein Sohn sei , rennt in die Küche und besorgt etwas zum Kauen, kommandiert die Familie des Hoteliers herum und ist eigentlich der Prototyp einer Nervensäge. Irgendwann finden wir dann heraus, dass er mit dem Hotel nichts zu tun hat, er ist hier, wie wir, nur Gast. Allerdings wie uns Mr. Ha, der Hotelier, erzählt, weigert er sich beharrlich seine Rechnung zu bezahlen, die auf mehrere Hundert Dollar angewachsen ist. Er benutzt kostenlos, ausgehend davon, daß das schon in Ordnung sei, das Motorrad des Hotels. Dabei schleppt er laufend Mädel aus der Fremdenverkehrsbranche, also solche die langsam gehen damit sie schneller vorwärts kommen, ins Hotel.
>>Viel Bum Bum<< sagt Mr. Ha.
Ganz schlimm weil Alan auch Vietnamesinnen ins Hotel schleppt und das ist hier in Vietnam nun absolut verboten. Es hängen auch fast in jedem Hotel auf meiner Reise entsprechende Zettel an den Wänden, die darauf hinweisen, dass einheimische Damen nicht mit in das Hotel genommen werden dürfen, es sei denn, man ist mit ihnen verheiratet.

Ich schlage Mr. Ha vor, seinem Gast die Gesamtrechnung zu präsentieren und bei Schwierigkeiten die Polizei einzuschalten. Mit diesem Rat avanciere ich zum Familiengrossvater. In mehreren Gesprächen macht mir Mr. Ha klar, dass ich jetzt nicht mehr mein Leben in Einsamkeit frönen sollte, er würde mir aus seiner Familie eine Frau aussuchen, die ich zu ehelichen hätte.

Natürlich eine arbeitsame, immer freundliche, mir jeden Wunsch von den Augen ablesende, sehr gut aus-sehende und junge Frau die mit mir viel Bum Bum macht, damit dann auch schnell Nachwuchs entsteht, das ist hier das Wichtigste.

Ich sehe mich schon auf einer Reisfarm bis zum Bauch im Matsch hinter einem Ochsenherlaufen und das Feld pflügen. Frage mich dann, wer dann der dumme Ochse ist, dieser Wasserbüffel oder ich und entscheide spontan, dass ich hier nicht wieder einkehren werde. Familiengrossvater in Vietnam ist natürlich toll, jeder sorgt sich um dich aber Bum Bum gibt es, glaube ich, auch ohne Familienanschluss. Alan lässt sich nach dem präsentieren der Rechnung jedenfalls nicht mehr sehen. Er bunkert sich in seinem Zimmer ein. Wahrscheinlich gräbt er einen Tunnel um ohne Bezahlung zu entkommen. Bei meinem Abschied umarmt mich Mr. Ha, weint ein paar Tränen, verstohlen zwar, aber erkennbar. wer verliert schon gerne den Familiengrossvater. Schnell stopft er noch zwei Bierdosen in meinen Rucksack, ich muss bald wiederkommen sagt er.

Ich bin kaum in meinem Hotel in Da Lat angekommen und habe eingecheckt, da kommt mein Hotelier schon mit einer Mappe und informiert mich über eine organisierte Tour mit Motorrädern in die Berge. 30 USD soll der Spaß kosten und man darf das Motorbike selbst fahren. Die Tour hört sich spannend an, also stimme ich zu. Morgens um sieben Uhr stürzen sich also fünf Leute und eine junge Vietnamesen die als Guide fungiert in den Berufsverkehr. Augen zu und durch, immer schön egoistisch, mit hier komme ich, und dann die Lücke suchen. Wir besuchen zuerst eine Käferzuchtanlage. Hier werden kleine schwarze Käfer in großen Plastikgefäßen, die mit Zeitungsschnipseln ausgelegt sind, großgezogen. Wenn die dann die Größe eines Maikäfers erreicht haben, backt man sie in Fett und verkauft sie auf dem Markt als Delikatesse. Irgendwie schmecken die nach gar nichts, sogar mit Ketchup wird das nicht besser. Das Interessante daran ist nur das Knacken wenn man den Panzer durchbeißt. Die darauf folgende Besichtigung einer Seidenspinnerei, mit dem Angebot eine Seidenraupe zu essen tilgt den Appetit auch nicht wirklich.

Weiter geht es in eine Kaffeeplantage in der kein Kaffee serviert wird und als Abrundung lernen wir noch, dass Curry in roten runden Kapseln an Bäumen wächst, in denen sich das rote scharfe Zeug verbirgt und man sich damit auch die Lippen anmalen kann. Das bringt doch sofort eine erotische Note in diese Tour. Küssen mit Curry, wenn das nicht scharf macht. Lustig wird es, als unser Mädel eine Schlange im Baum findet und diese dann wild durch die Gegend schwenkt.
Wer will darf dann auch Schlange fangen mitspielen, das arme Geschöpf wirbelt durch die Luft und irgendeiner von uns fängt sie dann auf. Ich erspare mir das, aus Respekt vor der Schlange und weil ich glaube, daß die mich beißt. Zum Abschluss dann

noch ein Besuch in einem Minoritätendorf. Es gibt dort wild herum laufende Schweine und zwei alte Damen so um die 80 Jahre alt, ihre Zähne, sofern noch vorhanden, schwarz vom Betelkauen.

Aus dem unglaublichen Durcheinander der zugigen Holzhütte holen die beiden Frauen dann ein Spinnrad hervor und zeigen, wie man selbstgepflückte Baumwolle spinnt und verarbeitet. Erst mal gibt es dann einen Sprachkurs, die alten Damen werden genötigt uns nach unserem Namen zu fragen und aus welchem Land wir kommen. Uns wird dann übersetzt wie die Antwort in der Minoritätensprache lautet und jeder von uns gibt sich die Mühe, das nicht in einem lächerlichen Kauderwelsch von sich zu geben. Ländliches Verständigungstheater, das hätte bei uns auf jeder Bühne Bestand.

Ab und zu steckt mal ein Schwein den Kopf durch die Tür, schaut ob wir noch da sind und was das für ein Lärm ist, für die Schweine sind sicherlich wir die Minorität.

Ich habe gehört, dass es in Buon Ma Thuot, tiefer im Bergland, Elefanten gibt. Da muss ich hin. Also morgens um sieben Uhr in den Bus der mich vom Hotel abholt. Big Mama, die das Hotel in dem ich logiere, mit fester Hand leitet und ihre beiden Söhne wie ein Feldwebel herumscheucht, hat mir ein Ticket für den Bus besorgt. Ich werde zum Busbahnhof gebracht, soll in einen großen Reisebus umsteigen. Mein Kleinbusfahrer verschwindet, der Fahrer vom großen Bus will mich ohne Ticket nicht mitnehmen.

Also entweder den anderen Fahrer finden oder ein neues Ticket kaufen. Ich entscheide mich für ein neues Ticket. Es sind ja gerade mal 5 Dollar für die 200 Kilometer. Das geht aber nicht, ich bin ja bereits mit meinem gekauften Ticket in dem Computer erfasst und zwei Sitze sind nicht frei im Bus. Die Logik ist glasklar, das System gewinnt. Plötzlich erscheint dann doch der Fahrer, wedelt mit meinem Ticket und alle sind glücklich. Wir brauchen für die 200 Kilometer nach BMT so um die sieben Stunden, das liegt daran, dass die Durchschnittsgeschwindigkeit irgendwo um Null herum liegt. Der Bus windet sich mit uns Serpentinen hoch und runter, die Strasse befand sich bestimmt bis vor kurzem in Kriegszustand, tiefe Krater, wie Granattrichter, mit ein Paar Fetzen von Asphalt dazwischen. Überholt wird dann grundsätzlich wenn dem Bus mindestens fünf Motorräder entgegen kommen. Unter dem tut es der Fahrer nicht. Hinter mir kotzt jemand jede Menge Plastiktüten voll, der Bus ist gerammelt voll. Ich fühle mich eingeklemmt in meinem Sitz dann irgendwann wie ein Fakir auf dem Nadelbrett, bei dem jemand ständig mit einem Vorschlaghammer von unten gegen das Brett donnert.

Der Bus fährt nach 150 KM an einem wunderschön gelegen See vorbei. Der See liegt mitten im Niemandsland an einem angrenzenden Dorf. Toll denke ich, würde hier gerne fotografieren, aber Bus hält ja erst in BMT. Nichts ahnend nehme ich mir in BMT ein Taxi zum Hotel. Laut Beschreibung soll es hier irgendwo am Rand der Stadt sein, an einem großen See. Das ist es dann auch, nämlich 50 KM zurück an diesem wunderbaren Fotomotiv. Ich werde dann noch mal dreißig Dollar für das Taxi los, hätte ich mir gerne erspart aber he, das hier ist Vietnam.

Das Resort am Lake Lac liegt, wie gesagt, am Rande eines kleinen Dorfes. Gott sei Dank gibt es im Resort ein Restaurant, sonst würde ich hier wohl eines Hungertodes sterben. Obwohl das bisschen was ich esse kann ich auch trinken und so marschiere ich jeden Abend ins Dorf, setze mich in die Garage, die die hier für ein Cafe, sprich Kneipe, halten und trinke ein, zwei Bier. Es gibt hier eine Art Straßenstand, an dem eine sehr nette, freundliche Mama irgendwelche undefinierbaren Frühlingsrollen backt und verkauft.

Vor der Garage hängen ein paar junge Vietnamesinnen herum, so zwischen zwanzig und dreißig Jahre alt, einige schon mit Kindern gesegnet. Keine spricht Englisch, aber alle schnattern auf mich ein, nach kurzer Zeit bin ich adoptiert, muß irgendwelche Lieder singen, weil die hier alle auf Karaoke stehen. Und weil man davon heiser wird, kommt dann noch ein Bier. Außerdem werde ich mit diesen Frühlingsrollen gefüttert. Das Ende vom Lied ist dann, daß ich am zweiten Abend fürchterlich Durchfall bekomme, weil die das Zeugs dann auch noch in irgendwelche Salatblätter einwickeln und in eine wilde, scharfe Tunke tauchen. Eine Nacht auf dem Klo hilft auf jeden Fall beim abnehmen. Man passt dann auch besser in die Bussitze, wahrscheinlich haben die hier deshalb alle so kleine Hinterteile.

Eine von den Mädeln heißt Phi, hat ständig Liebeskummer, wie ich herausfinde, weil sie schon am zweiten Abend mit verheulten Gesicht vor mir steht und mir die anderen Ladies mit Händen und Füssen klar machen, das ihr Boyfriend eine andere hat. Das geht wohl laufend bei ihr so wie ich mitkriege. Allerdings hat sie zwischendurch Phasen in denen ihre angeborene Fröhlichkeit durchkommt, dann klatscht sie in einer unglaublichen Geschwindigkeit zwanzig Mal in die Hände und freut sich wie Schneewittchen wenn die sieben Zwerge kommen, wobei Zwerge nun wieder auf die Männer hier passt, groß sind die alle nicht. Ich sehe hier sowieso keine, wo sind die alle? Werden sich wohl mit anderen Damen beschäftigen oder spielen Karten mit ihren Freunden, das gibt dann beides auch keinen Durchfall.

Weil mir nichts Besseres einfällt, miete ich mir im Resort mal wieder ein Motorbike. Habe mich nun schon daran gewöhnt mich durch den Verkehr zu schlängeln und alle Verkehrsregeln dieser Welt zu missachten. Eigentlich, lese ich in meinem Reiseführer, braucht man dazu einen vietnamesischen Führerschein, den man sich auf dem nächsten Polizeirevier ausstellen lassen muß. Aber selbst das kümmert hier in Vietnam niemanden, man mietet ein Bike, verhandelt den Preis, setzt sich einen Helm auf den Kopf, denn da schaut die Polizei schon genau drauf, dass man nicht ohne unterwegs ist und fährt dann los. Da das hier alle so machen, macht man einfach mit und denkt nicht an irgendwelche Folgen.

Ich habe mir jedenfalls vorgenommen, im Falle einer Kontrolle kein Englisch mehr zu verstehen. Allerdings habe unterwegs nie gehört, dass man einen Touristen angehalten hätte, obwohl doch an vielen Ecken im Land Polizeiposten stehen und Fahrzeuge anhalten. Ich möchte oberhalb von BMT einen Wasserfall besichtigen und fahre die 50 Kilometer nordwärts. Alles geht gut bis ich im dicksten Gewühl in der Stadt in einen Stau komme. Ich fahre langsam an und in dem Moment kommt aus einer Seitenstraße ein Bike und fährt mir direkt in mein Vorderrad. Ich kann mein Bike nicht mehr halten und kippe auf die Seite. Das geht alles blitzschnell, ich liege auf der Straße, das Bike halbwegs über mir und 20 Zentimeter hinter mir kommen die Vorderräder eines Autos zum stehen. Der junge Mann, der mir in die Quere kam, kommt angerannt und richtet mich und mein Bike wieder auf, wie nett von ihm, allerdings ist er auch gleich wieder verschwunden als ich etwas derangiert auf der Straße stehe. Ein paar Schürfwunden, die Jacke dreckig vom Straßenstaub und der Spiegel meines Motorbikes baumelt auch etwas merkwürdig in der Gegend herum. Na gut, ich lebe noch, das ist doch schon mal etwas. In der nächsten Werkstatt lasse ich den Spiegel wieder anbringen, als ich bezahlen will, winkt der Monteur freundlich ab. Zu allem Überfluss finde ich den Wasserfall auch nicht obwohl mir ein paar unterschiedliche Richtungen erklärt werden. Etwas frustriert mache ich mich auf den Heimweg.

Der lokale Bus der mich von Lien Son nach Buon Ma Thuot zurück bringt kostet für die fünfzig Kilometer etwa 0,70 Euro. Er fasst circa 20 bis 25 Personen, in Deutschland, hier in Vietnam wird das dreifache daraus, Mitreisendes Gepäck wird vom Schaffner, jawohl, den gibt es hier noch, gnadenlos unter die Sitze geschoben. Wenn das Gepäck zu hoch für die Sitze ist, muss man sich eben drauf stellen, dann passt das schon. Auf einem Sitz drängeln sich dann 3 Personen, geht ja mit den schmalen Hinterteilen. Der Gang ist voll mit Leuten, niemand kann umfallen, so eng ist es. Eine Sardinenbüchse ist irgendwie luxuriöser. Ich sitze mit einem Hinterteil auf der Seitenstange die das einrahmt was einmal vor hundert Jahren ein Polster gewesen sein muss. Der Kontakt zur Strasse ist unmittelbar vorhanden. Die Federung des Fahrzeuges hat wahrscheinlich schon nach drei Tagen Laufzeit stöhnend den Geist aufgegeben. Irgendwo auf der Strecke steigt dann ein Kontrolleur zu und lässt sich die Fahrscheine zeigen. Hier in Vietnam findet man für die Menschen auch noch die unsinnigsten Jobs. Der Sozialismus zeigt uns Kapitalisten was Vollbeschäftigung heißt. Ich finde meinen Fahrschein nicht, wahrscheinlich ist der in meiner Tasche, die sich unter einem Sitz befindet. Er redet wild auf mich ein, ich zucke mit den Achseln, grinse ihn freundlich an, zeige auf die Tasche. Irgendwann gibt er auf, wirft mir einen vorwurfsvollen Blick zu und verschwindet in der Menge.

Natürlich hält der Bus in BMT am Ende nicht am Busbahnhof, macht ja auch keinen Sinn, wer will nach der Fahrt denn noch weiterreisen. Vietnamesen sind keine Masochisten, das wollen nur Westler die ihre lange Nase in jede Ecke von Vietnam stecken müssen. Ein wilder Haufen Motorbikefahrer fällt über mich her, will mich irgendwo hin fahren, ich sage >>Bus Station-big Bus<<, niemand versteht das. Auch gut, bin ich das lästige Volk erst einmal los. Also werde ich ein Taxi nehmen. Der Fahrer sieht mich an als wenn ich eine Fahrt zum Mond buchen wollte, holt ein Stück Papier raus und ich zeichne in Kindermanier einen Bus. Großer Kasten, viele Fenster, 2 Räder dran. Auf den Kasten schreibe ich Nha Trang. Der Fahrer hält den Daumen hoch, wahrscheinlich wurde meine Zeichnung verstanden. Tatsächlich lande ich am Busbahnhof. Ein mittelgroßer Bus mit einem Schild, auf dem Nha Trang steht ist leicht zu finden.

Der Fahrer möchte nicht, dass ich drinnen am Schalter ein Ticket kaufe, zeigt mir einen 100.000 Dong Schein. Nach der landesüblichen Sitte wir runden alles ab, heißt das 5 Dollar. Vietnamesen zahlen 30.000 Dong weniger. Na gut, die nehmen auch weniger Platz weg. Mein Bus liefert sich mit einem Bus einer anderen Gesellschaft ein Rennen durch die Stadt. Es geht darum soviel Fahrgäste wie möglich unterwegs einzuladen um den Bus zu füllen. Wer zuerst zu einer Haltestelle kommt, hat das Fahrzeug dann eben am schnellsten voll. Das führt zu abenteuerlichen Überholaktionen. Endlich dann ist der Bus dann einigermaßen gefüllt. Sofort wird auch die Geschwindigkeit reduziert. Wir hoppeln mit ca 40 KM/h über die Landstrasse.
Der Busbegleiter steht in der offenen Tür, immer wenn er jemanden am Straßenrand sieht, der so aussieht als wolle er mitfahren, hält der Fahrer, der Begleiter läuft auf den potentiellen Fahrgast zu und schleift ihn in den Bus. Das funktioniert auch zum Grossteil. Hier hat man wohl einen Blick dafür, wer wieder gerne noch einmal Bus fahren möchte.

Allerdings kommt der Begleiter auch ein paar Mal ohne Gäste zurück. Es macht auch dem Fahrer nichts aus, mal ein paar zehn Meter zurück zu setzen, was bei den Verkehrsverhältnissen aber ziemlich schwierig ist. Das ganze hat hier den Anschein als ob ein Türsteher vor einem Stripteaselokal die Menschen auf der Strasse zum einkehren überredet aber schlussendlich wollen die hier ja auch irgendwohin. Obwohl ich mir bei Leuten die an Striplokalen vorbeilaufen auch nicht so sicher bin, ob die nicht auch den Gedanken hegen irgendwo hinein zu wollen.

Bus fahren ist immer abenteuerlich, vor allem darum weil man oft gnadenlos abgezockt wird. Ist man der erste Fahrgast im Bus ist es am wildesten. Mit einem freundlichen Grinsen wird das 2 bis 4 fache für den Trip verlangt. Mitfahrende Vietnamesen sind empört, legen sich aber nicht mit dem Schaffner an. Zwar handelt es sich im Falle einer Busfahrt nur um wenige Dollar aber es ist der Vorgang selber der einen wütend macht. Auf jeden Fall trifft man im Bus meistens auf sehr nette Leute, ab und zu wird Obst geteilt oder es wird einem etwas zu trinken angeboten. Den absoluten Höhepunkt erlebe ich auf einer längeren Fahrt, als ein mitreisender Händler aufsteht und einen Vortrag hält, erst denke ich das ist etwas religiöses, dann greift er in seine Tasche und verkauft ein Mittel gegen Rückenschmerzen, Kopfschmerzen und wahrscheinlich auch Potenzstörungen.

Ich frage mich warum man in Deutschland so viel Wind mit diesen Verkaufsveranstaltungen für Rentner macht. Erst irgendwo Mittagessen, dann Kaffee und Kuchen und dann abzocken. Geht doch viel einfacher, rein in den Bus, Türen zu und los geht die Anmache. Wer da nicht innerhalb von einer Stunde mindestens 30 Rheumadecken und 50 Kaffeeservice verkauft hat ist eben ein schlechter Verkäufer. Da die ganze Verpflegungsarie entfällt kann man dann auch zwei bis drei Touren am Tag schaffen. Jedenfalls kaufen die beiden jungen Leute neben mir das Wundermittel, schauen mich mitleidig an und schenken mir eine Packung. Wahrscheinlich denken die beiden, daß man in dem Alter eben schon Potenzstörungen hat. Ich habe das Zeug im nächsten Hotel geflissentlich vergessen, es wird schon jemand kommen der das braucht, hier kommt nichts um.

Toilettengänge sind im Bus auch kein Problem, mein Schaffner kommt hinten an die Tür, stellt sich auf die unterste Stufe und pinkelt in einen Plastikbeutel. Den schmeißt er dann selbstverständlich aus dem Fenster. Die ältere Dame am Straßenrand, die dringend einen Beutel für ihren frischen Fisch braucht, freut sich, der Beutel entleert sich ja im Flug und in der Landungsphase komplett. Der Fisch ist dann auch schön mariniert. Recycling beginnt auch in Vietnam seine Wirkung zu zeigen.

Natürlich muss man manchmal auch umsteigen, am besten hat man immer einen Zettel auf dem das nächste Ziel notiert ist dabei. Dieser Zettel wird dann erstmal sehr aufmerksam begutachtet. Wenn mehr als das nächste Ziel auf dem Zettel steht hat man sehr schlechte Karten. Es wird herumgerätselt wo man dann schlussendlich hin will, der Zettel wird herumgereicht, mehrere Male wird gefragt und man wiederholt geduldig das Fahrtziel. Plötzlich nickt alles, man steigt in einen Bus mit dem Ergebnis, dass man 25 Kilometer weiter an einer Straßenecke herausgelassen wird, in einem Ort der absolut nicht zu der Reisroute passt und der Schaffner sagt etwas wie >>nächster Bus und das Fahrtziel<<.

Der Bus kommt dann auch nach 20 Minuten Warten in der Hitze, ist meistens total überfüllt aber für das Gepäck und den nächsten Fahrgast findet sich immer ein Plätzchen. Umfallen kann man auch bei einer Vollbremsung nicht. Im Stehen merkt man auch nicht so stark das die Federn längst ihr Arbeit aufgekündigt haben. Für mein Empfinden ist es völlig nutzlos, Verkehrsmittel in Vietnam mit Federn zu verkaufen, die kann man weglassen, sind sowieso bei der Überladung mit Passagieren in ein bis zwei Tagen nur noch zum Entsorgen geeignet.

Wer nach Ostasien fliegt wird bei der Ankunft am Airport erstmal von Anbietern von Motorbikes und Taxis überrannt. Jeder möchte dich irgendwohin fahren. Da man meistens viel Gepäck dabei hat, zu zweit oder mit mehreren Personen unterwegs ist, bietet sich ein Taxi in jedem Fall an. Man geht also arglos mit dem Anbieter mit, der trägt ja gut sichtbar einen offiziellen Berechtigungsausweis an der Brust. Der Anbieter übergibt dann an den Taxifahrer und der nimmt dann freundlicherweise das Gepäck und schleppt im Schweiße seines Angesichts die Koffer an das Taxi, welches sich als Privatfahrzeug entpuppt und lädt, falls alles hineinpasst, dieses in den Kofferraum. Reist man mit mehr als einer Frau, sprich mit Frau und erwachsener Tochter, kommt die Fahrt allerdings nicht zustande, weil der arme Kerl unter dem Gepäck zusammengebrochen ist. Kaum sitzen alle im Taxi, hält der kleine Gauner einen Zettel bereit auf dem die schöne Summe von 25 Dollar für die Fahrt vom Airport in die City verzeichnet ist. Wir Europäer denken in dem Moment, müde vom Flug wie wir sind das ist aber günstig, 20 Euro in die Stadt, das kostet zu Hause mal mindestens das Doppelte. In diesen Fällen steige ich inzwischen sofort wieder aus, hole mein Gepäck aus dem Kofferraum und suche mir ein offizielles Taxi mit eingebautem Taxameter.

Dann ende ich bei 8 bis 10 Dollar für die gleiche Strecke. Offizielle Taxis erkennt man leicht an einer wunderschönen Aufschrift auf den Türen und einem Taxischild auf dem Dach.

Wer sehr früh morgens in Saigon im Hotel ankommt muss viel Geld in der Tasche haben, meint zumindest der Nachtportier im Riversidehotel in Saigon. Ich frage ihn ob ich mein gebuchtes Zimmer beziehen könnte. Er klickt sich wild durch den Computer. >>Nein Sir<<. Das Zimmer ist erst ab 12 Uhr Mittags frei, aber ich könnte für die 8 Stunden eine Suite beziehen und dann um 12 Uhr in mein gebuchtes Zimmer wechseln. Er würde mir den Sonderpreis von 70 Dollar dafür machen, ich lache ihn aus, darauf hin verringert er die Summe auf 50 Dollar. Ich lege mich auf ein Sofa in der Halle, um sieben Uhr Morgens ist Schichtwechsel. Ich versuche es noch mal bei der jungen Dame an der Rezeption, die mir sofort meinen Zimmerschlüssel aushändigt. Der Nachtportier schaut mich schelmisch an, ein Versuch war es wert.

Am Strand von Nha Trang treffe ich Harald. Harald ist einer dieser Typen um den Frauen in seiner Heimat möglichst einen großen Bogen machen. Er ist Gabelstaplerfahrer und mit dem Intelligenzquotienten eines Eierpappkartons ausgerüstet. Harald ist 46 und lebt noch zu Hause im wundervollen Hotel Mama. Alle zwei bis drei Jahre geht Harald auf große Reise nach Thailand und vögelt sich den Rest seines kleinen Gehirns aus dem Kopf, den er sich dann mühsam in den folgenden Jahren durch viel Fernsehen und dem Lesen einer großen deutschen Boulevardzeitung wieder aneignet. Allerdings findet Harald dann auch immer die große Liebe in Asien, leider nur so lange wie sein Geld reicht. Harald sagt, er wäre schon ein paar Mal kurz vor der Hochzeit gestanden, aber dann war immer das Geld alle. Dieses Mal also ein Versuch in Vietnam, es ist ja auch alles viel billiger hier. Eine Dame von der Sorte die langsam gehen damit sie schneller vorwärts kommen, will Harald nicht, er sucht die große Liebe. Harald trifft auf Tham, ein Bier am Strand, ein langes Gespräch, Haralds Herz flattert und Tham lädt ihn zu sich nach Hause ein.

Sie hat ihren Mann verlassen weil er sie schlägt, sagt sie. Außerdem hat sie zwei Kinder in Hoi An. Das Taxi hält irgendwo vor kleinen Gassen in die es nicht mehr hineinpasst. Tham lebt in einer Garage, die mit Blechwänden von anderen Garagen abgeteilt ist, in denen andere Familien leben. Ein Raum, ein abgeteilter Abtritt und ein Eimer Wasser, dazu eine spärliche Matratze auf dem Boden. Eine kleine Musikanlage, kein Fernseher, also Exotik pur. Tham kommt gleich zur Sache, nur keine Zeit verlieren, Haralds Hormone feiern Party. Er weiß, dass Sperma das nicht abgerufen wird langsam zu Kopf steigt um dann als Schuppen über die Kopfhaut abgesondert wird. Antischuppenschampoo ist da langfristig auch keine Lösung. Nach dem Sex ist vor dem Sex und dazwischen macht Tham den

Vorschlag, dass Harald bei ihr einzieht, ist ja viel günstiger als die 10 Dollar für das Hotel. Harald ist begeistert, er spart jetzt ja kräftig. Am nächsten Tag geht es dann los. Tham hat eine Freundin, die hat ein Motorbike das sie verkaufen will, ganz günstig nur 400 Dollar. Die beiden schauen sich die Maschine an, Harald bezahlt und ist nun nicht mehr auf die Bikes mit Fahrern angewiesen, die einen sowieso
nur übers Ohr hauen.

Eigentlich möchte Harald ja ein wenig in der Gegend herum fahren aber Tham will kuscheln und dabei Fernsehen, sagt sie. Dumm ist nur, Tham hat keinen Fernseher. Kuscheln und Fernsehen ist ja eigentlich auch toll also kauft Harald einen Flachbildschirm, schön groß, der füllt die halbe Garage aus und übertönt den Lärm der unmittelbaren Nachbarn. Dann bekommt Tham einen Anruf, ihren Kindern geht es nicht gut, die müssen ins Hospital, das kostet aber viel Geld, wer das wohl zahlt.

Genau. Harald.

Für mich klingt das, als wird Harald als modifiziertes ATM, also als Geldautomat, benutzt. Unten steckt man was in den Schlitz und oben spuckt er Geld aus, das aber sofort wieder den Besitzer wechselt. Leider ist das ATM in kurzer Zeit leer. Das heißt, Haralds Bankkarte gibt den Geist auf, das Konto gibt nichts mehr her. Tham gefällt das nun aber überhaupt nicht. Harald soll Geld auftreiben oder ausziehen, von ihrem Geld können sie ja nicht leben. Harald ist nur noch ein Häufchen Elend. Tham hat auch den Sex erstmal eingestellt. No Money, no Fun. Er versucht mich anzupumpen. Ich mache ihm klar dass ich für Sex von anderen Menschen nichts bezahle, weil ich ja nicht mal bereit bin für den eigenen zu zahlen. Ich schlage vor, daß er seine Mama anruft und sich über Western Union Geld schicken lässt.

Mein weitergehender Vorschlag das Mädel in den Wind zu schießen fällt nicht unbedingt auf Gegenliebe. Ich weiß nicht, ob Dummheit ansteckend ist, mache mich aber vorsichtshalber mal auf den Weg, weg von Harald.

Dummheit scheint doch ansteckend zu sein, in Saigon erwischt es mich. Ich laufe Anapay in die Arme. 42 Jahre alt, ein wenig drall in der Figur, ein sympathisches Lachen im Gesicht und sehr redefreudig. Die typische Frau auf deren Couch man seine gesamte Lebensgeschichte, samt dunkler Geheimnisse, erzählt und fühlt, dass man endlich einmal einen vertrauenswürdigen Menschen gefunden hat. Anapay kommt aus Thailand und besucht hier in Saigon ihren Bruder der hier ein kleines Haus hat in dem er mit seiner vietnamesischen Frau lebt. Anapay hat noch eine Schwester, behauptet sie und die lernt gerade Deutsch, arbeitet als Krankenschwester und hat ab Februar einen Job in Hamburg an einem Krankenhaus. Ob ich mir mal die Papiere ansehen könnte, man hört soviel davon, daß solche angeblichen Jobs in der Prostitution enden und außerdem braucht ihre Schwester ein paar Tipps zur Wohnungssuche weil das Krankenhaus nur zwei Monate ein Zimmer bereitstellt. Wir unterhalten uns, trinken einen Kaffee zusammen. Sie lädt mich zum Frühstück am nächsten Morgen in das Haus ihres Bruders ein. Alles sehr nett, das Frühstück schmeckt, der Kaffee auch. Ihr Bruder ist Croupier in einer Spielbank. Zur Unterhaltung zeigt er mir wie man Geld am Spieltisch macht indem der Croupier mit einem Spieler zusammenarbeitet. Er bringt mir die Zeichen bei, die der Croupier dem Spieler zukommen lässt mit dem er zusammen arbeitet.

Zufällig ruft dann ein Inder an, der am Abend ein Spiel machen will. Der Bruder gibt mir 200 Dollar und meint wir könnten ja zum Zeitvertreib ein kleines Black Jack Spiel mit dem Inder machen. Ich würde dann den Gewinn mit ihm teilen. Der Inder würde ihm noch viel Geld schulden und jedes Mal ausweichen wenn die Rede darauf kommt.

Na Gut, das hier ist Asien, die Sache gefällt mir zwar nicht aber wer hat schon etwas gegen ein paar Hundert Dollar, die Urlaubskasse hat sowieso die Schwindsucht.Das hilft mein Gewissen etwas zu beruhigen.

Der Inder macht nun nicht gerade einen sehr sympathischen Eindruck, also lasse ich mich auf das Spiel ein. Natürlich gewinne ich fast laufend, ein paar Mal verliere ich auch. Dann liegen plötzlich 2000 Dollar als Einsatz auf dem Tisch und ich habe das Blatt des absoluten Gewinners in der Hand. Der Inder erhöht plötzlich um 20.000. Im Moment geht es hier mal nicht um mein Geld also gehe ich mit, halte dann Absprache mit dem Bruder in einem anderen Raum, weil er das fehlende Geld aufbringen will, ich könnte ja nicht verlieren. Das Spiel wird unterbrochen, weil erstmal die fehlende Summe von einem Geldverleiher   geholt werden muss. Was ich denn dazu beisteuern könnte? Ich habe umgerechnet 500 Euro in der Tasche weil ich später noch meinen Flug nach Kambodscha buchen will.

Der Bruder wirft 5000 Dollar, die er im Haus hat, in einen Kasten in dem sich das Geld des Inders, meine geliehenen 200 Dollar, sowie meine 500 Euro befinden, verschließt den Kasten und gibt den Schlüssel dem Inder weil der ja das meiste Geld in dem Kasten hat. Wir verabreden uns dann im Sheraton Hotel in dem der Inder angeblich wohnt. Der Bruder will inzwischen das fehlende Geld auftreiben. Nach einem weiteren Kaffee fahren Anapay und ich auf getrennten Motorbikes zum Sheraton. Ich komme an, Anapay natürlich nicht, der Inder wohnt hier auch nicht und ich bin meine 500 Euro los.

Den Trick kannte ich noch nicht, allerdings glaube ich nicht, dass der 500 Euro wert war. Kino ist billiger und für 500 Euro kann man verdammt lange ins Kino gehen.

Am nächsten Tag entreißt mir ein Motorbikefahrer dann auch noch meine Kamera, er kurvt auf dem so genannten Bürgersteig herum, das ist hier ganz normal, man kommt da schneller vorwärts, wenn nicht gerade Verkaufsstände oder Abstellplätze für Motorbikes dem Vorwärtsdrang entgegenwirken und zieht mir die Kamera am Riemen aus der Hand. Und weg ist er, meine Kamera auch. Das ist hier Gotham City, leider ohne Batman, der die Gangster vernichtet.

Ich treffe irgendwo eine nette junge Dame aus Indonesien, der ist hier das gleiche passiert, nur hatte sie leider den Kamerariemen über ihren Kopf gezogen, das Ergebnis war noch zu sehen, ein blauer Fleck im Gesicht. Also, der Gangster reißt am Riemen, die Kamera fliegt ihr ins Gesicht, Ergebnis, klassischer K.O. in der ersten Runde, sie wacht im Krankenwagen wieder auf. Behandlung in einer dieser wilden Kliniken, die einem erst mal das Geld aus der Tasche ziehen und dich dann verpflastern, Ach ja, die Kamera ist auch weg, ob nun der Motorbikegangster oder einer der mitleidigen Passanten, die darauf achten, daß die Ambulanzen nicht unter zuviel Gepäck zusammenbrechen, zugegriffen hatte, ließ sich nicht mehr feststellen.

Ziemlich am Ende meiner Reise geht es in die Ha Long Bay. In Haiphong angekommen nehme ich ein Taxi zum Hafen um ein Boot auf die Insel Cat Ba zu bekommen. Am Hafen finde ich ein paar junge Damen, die Tickets für die Boote verkaufen. >>Der Bus zum Speedboot geht in fünf Minuten<< sagt eine der Damen >>das Ticket kostet 20 Dollar<<. Ich frage nach dem normalen Boot, aber das läuft heute angeblich nicht aus. Also erstmal Ruhe und weg von den Mädeln. Ich trinke erstmal was am nächsten Stand und prompt kommt eine von ihnen auf mich zu und sagt sie würde mir auch ein Ticket für das normale Boot um 12:30 verkaufen, das fährt jetzt wohl doch, der Preis 10 Dollar. Das Boot liegt bereits im Hafen und wird mit allen möglichen Dingen beladen.

Ich kaufe das Ticket und gehe an Bord. Der Kahn besteht eigentlich nur noch aus Rost, viel Eisen ist da nicht mehr dran, mit anderen Worten, vertrauenserweckend. Für den Dreamliner würde man im Hamburger Hafen nicht mal mehr eine Abwrackprämie bekommen.

Irgendwann tuckern wir dann los und etwas später kommt auch so etwas wie ein Schaffner und verkauft die Tickets für die Fahrt für nicht mehr als 3,50 Dollar. Ich habe mal wieder völlig daneben gegriffen und 6,50 Dollar zuviel bezahlt. Man lernt hier nie aus, ein offizielles Ticket ist nicht unbedingt ein offizielles Ticket, eines ist für dumme Touristen und das andere für die Wissenden.

Gott sei Dank haben wir unterwegs Sonnenschein und ich muss nicht in der Kabine hocken sondern kann draußen vor dem Steuerstand sitzen, ich habe mir sofort eine Schwimmweste organisiert und mir unter den Hintern geklemmt. Also wenn der Kapitän die Notrettung eingeleitet hätte, wäre ich einer der ersten über Bord mit einer Weste an. Wie heißt es doch so schön in der Seefahrt, wenn der Dampfer abgluckert, junge Frauen und ich zuerst. Eine einsame Insel in der Nähe und dann mal schauen ob die Damen kochen können. Nach 2,5 Stunden auf See auf der Insel Cat Ba wird es dann am Kai ein abenteuerlicher Ausstieg, das ist hier nicht Deutschland mit seinen, vielen, nervigen und manchmal doch überflüssigen Sicherheitsvorschriften.

Der Kahn liegt 50 cm von dem Kai weg und der ist 70 cm höher, also Kletterei auf der Reling, Gepäck oder Kinder rüberwerfen und dann mit doppelten Rittberger auf den Kai gesprungen, wer daneben springt landet im Wasser, na gut, etwas Schwund gibt es immer. Der Ort besteht nur aus Hotels, Restaurants und Budenverkäufern. Die Insel hat aber ein schönes Hinterland, also mal wieder die Aussicht sich ein Motorbike leihen wenn man etwas sehen möchte. Da hier keine Saison mehr ist, wird man auch sofort von Zimmerverkäufern belagert.
Das ist ganz lustig weil dort fünf Leute stehen, die mit Photomappen bewaffnet versuchen ihr Hotels anzupreisen. Komischerweise haben sie in ihren Mappen aber alle die gleichen Photos von den Innenräumen. Also hat hier ein cleverer Bildermacher ein Zimmer in irgendeinem Hotel abgelichtet und die Photos dann an alle Hotels verkauft, Welcher müde Touri merkt das dann schon.

Die Wirklichkeit holt einen dann aber schnell ein, wenn man dann die Zimmer besichtigt. Mal ganz nett mit angegrautem Badezimmer, mal runtergekommen mit angegrautem Badzimmer. Mal große Räume, mal kleine aber alle im Moment mal mit Balkon auf dem man seine Wäsche trocknen kann, wenn dann hier mal die Sonne scheint. Vergisst man die Wäsche abends reinzuholen, darf man sie einen weiteren Tag trocknen lassen, denn abends wird es feucht, die Wäsche ist morgens so nass wie am Abend vorher. Dafür haben fast alle Hotels, jedenfalls derzeit in der Nebensaison, einen Einheitspreis ohne Frühstück von 6 Dollar, dafür bleibe ich gerne fünf Tage.

Ich muss diese ganzen kleinen Betrügereien um mich herum ja auch einmal ausgleichen, finde ich. Wieder einmal werde ich von einem Motorbikefahrer angesprochen, der mich unbedingt irgendwo hin fahren will. Ich laufe gerade mit meinem Reiseführer in der Hand an einer Gruppe von Bikefahrern vorbei und aus dem Reiseführer lugt ein Souvenir aus Hanoi heraus, nämlich eine falsche Hundert Dollar Note, die man hier verbrennt um sie den Toten mitzugeben, die Verstorbenen müssen da drüben im Jenseits ja auch leben und bei der übergreifenden Inflation verbrennt man auch besser mal die eine oder andere Banknote mehr. Einer von den Bikern ist ganz wild darauf mich übers Ohr zu hauen und will unbedingt Geld wechseln, 10.000 Dong, das sind fünfzig Cents für den 100 Dollarschein. Ich lache ihn kräftig aus und sage ich würde für 50.000 tauschen, das sind 2,50 USD. Er freut sich maßlos, so ein dummer Tourist. Ich tausche, er grinst, ich grinse, Freude ringsherum.

Ich bin kaum hundert Meter weiter, da höre ich Riesengelächter von seinen Kumpanen, dann rennt er hinter mir her, nach 20 Minuten wilden Verhandeln unter stetigem Gelächter von seinen Kumpanen, tausche ich meine Dollarnote zurück. Das macht der erstmal nicht wieder.

Ich beschließe das laute Saigon erstmal zu verlassen und buche einen Flug nach Siem Reap in Kambodscha. Dort befindet sich das weltberühmte Angkor Wat, eine riesige Tempelstadt, die von der UNESCO zum Weltkulturerbe erklärt wurde. Eine Stunde Flug von Gotham City entfernt. Der Flieger hebt 15 Minuten früher als angekündigt ab. Mal was anderes, sonst kenne ich bei Airlines nur Verspätungen. Der Flughafen von Siem Reap ist zwar klein aber mit landestypischen Gebäuden versehen. Beim Anblick der Ankunftshallen kommt Karibikgefühl auf, offene Hallen, viel Grün. Man geht zu Fuß über den Airport zur Halle. Das Visum ist kein Problem man bekommt es bei der Ankunft. Es kostet 20 Dollar. Der Beamte an der Immigration füllt mir auch noch die Visadaten auf den Einreiseschein aus, grinst mich an und flüstert sehr leise, ob ich nicht bereit wäre ein Trinkgeld zu entrichten, er hat sieben Kinder oder so, die sind auch immer hungrig. Ich gebe ihm 2 Dollar. >>Vielen Dank Sir<<. Wird ihn wohl dazu anhalten noch ein achtes Kind zu produzieren, 2 bis 6 Dollar täglich extra, davon kann man viel Kindernahrung und Windeln kaufen.

Draußen erwartet mich mein Tuk Tuk Fahrer. Das sind diese Motorradanhänger, nein nicht der Fahrer sondern das Tuk Tuk, in die hinter dem Motorrad dann vier Menschen oder zehn Kubikmeter Fracht passen.

Übergewichtige Europäer oder Amerikaner, also Frauen über 50 und Männer über 65 Kilo Lebendgewicht, sollten allerdings nur zu zweit hinten einsteigen, sonst gibt entweder der Motor den Geist auf oder das Vorderrad des Bikes hebt sich zusammen mit dem Fahrer gen Himmel. Mein Hotel in Seam Reap liegt am Stadtrand, kostet 9 Dollar die Nacht und ist überraschend sauber. Draußen befindet sich ein Swimmingpool, gleich nebenan, durch eine Mauer getrennt, eine Krokodilfarm. Ich frage mich ob es einen unterirdischen Zugang von den Krokobecken zum Pool gibt, um die Kosten für das Futter der Krokodile zu sparen.

Ich buche das Tuk Tuk für drei Tage um die Tempelanlagen zu besichtigen.
Ohne Fahrzeug würde ich wohl vier Monate brauchen um überall hinzukommen, so weitläufig ist das hier. Mein Fahrer ist ein angenehmer junger Mann, der mir nicht die Ohren mit irgendwelchen geschichtlichen Informationen vollquasselt, die ich sowieso Morgen wieder vergessen habe. Dafür gibt es vor den Tempeln Horden von Kindern und Jugendlichen die einem lautstark alles Mögliche verkaufen wollen. Ich fühle mich in diesen Momenten als wäre ich in einen Froschteich gefallen, lautstarkes Gequake. Man wird bis zum Tempeleingang verfolgt und auf dem Rückweg sofort wieder in Empfang genommen. Ich gebe ungefähr 1000 Mal die Worte >>no thank you<<, von mir, dabei fallen die Preise dann spätestens zurück am Fahrzeug um 70 Prozent. Irgendwas kauft man aber trotzdem immer und sei es nur ein Seidentuch für Tante Hilde. Die hat zwar schon drei Tücher, die ich aus Thailand und Malaysia mitgebracht habe, aber Frauen kriegen ja von dem Zeugs nie genug. Im Kreise der Kaffeeklatschtanten wird das Tuch dann ausgiebig befühlt. >>Schau mal reine Seide, damit hat sich der Junge die halbe Reise abgeschleppt aber er denkt doch immer an mich<<.
Ich überlege mir ein T-Shirt mit der Aufschrift:
       -No Thank you, I don't buy anything -
anfertigen zu lassen, das wäre hier wohl der Verkaufshit bei genervten Touristen.

Nach dem zehnten Tempel fragt man sich, warum die damals soviel Steine übereinander geschichtet haben. Erst Mal ist sowieso die Hälfte wieder umgefallen und das was noch steht, sieht ziemlich angeknabbert aus. Hätten die diesen Zustand damals schon erahnt, hätten sie wahrscheinlich nur ein Fünftel der Tempel gebaut. Ich fühle mich in meine Kleinkindphase zurückgesetzt. Da habe ich mit Bauklötzen große Türme gebaut und nach Fertigstellung wieder umgestoßen. Völlig sinnloser Arbeitsaufwand. Das war aber damals hier wahrscheinlich auch die einzige Lösung für Vollbeschäftigung. Am zweiten Tag muss ich dann um fünf Uhr Morgens aufstehen, ab zum Sonnenaufgang über dem Angkor Wat Tempel. Alle meine mitleidenden Touris haben Taschenlampen dabei, ich nicht, ich stolpere über Steine und setze mich dann. Natürlich nicht auf einen der Steine die hier zu Millionen nutzlos herumliegen, sondern ins nasse Gras. Die Sonne geht auch nicht richtig auf, es ist viel zu diesig. Milliarden von Photos werden geschossen, das Klicken der Kameras um mich herum klingt wie Maschinen-gewehrfeuer.

Zu Hause ist man über das Ergebnis wahrscheinlich enttäuscht, zeigt die Photos aber mit überlegenem Gefühl seinen Freunden. >>Schau mal, ich war da, bin extra Morgens um Fünf aufgestanden, ich sage euch, das ist ein ergreifender Moment<<. Die Freunde fassungslos, blass vor Neid. >>Zeig mal, wo? Ist ja alles dunkel, man sieht ja gar nichts, wo ist denn die Sonne? << Neidische Kulturbanausen, elendige!

Da lohnt sich doch ein nasser Hintern, den man sich eisern im taufeuchten Gras geholt hat.

Am dritten Tag dann auf zum Tonle Sap, Bootstour zu den schwimmenden Märkten auf dem größten See Kambodschas. Eine Alsterrundfahrt in Hamburg ist billiger, dafür ist das Wasser dann nicht so braun vom Schlamm und wenn man in die Alster fällt, bekommt man auch keinen Typhus. Glaube ich wenigstens. Wir stoppen an einem schwimmenden Verkaufsraum. Der Bootsbegleiter erklärt mir, dass man hier für fünf Dollar zehn Kugelschreiber von der Sorte die überall in den Hotels herumliegen bekommt. Und die keiner klaut, weil die so einfach sind, daß bei uns sich schon Sechsjährige weigern, die Dinger mit in die Schule zu nehmen. Oder man kauft zwanzig Schulhefte für fünfundzwanzig Dollar. Jedenfalls hält das Boot dann an einer schwimmenden Schule und das Gekaufte wird an die Schüler verteilt. Unterwegs kommen dann kleinere Boote längsseits, Kinder halten einem riesige Schlangen, die sie sich um den Hals gelegt haben, zum fotografieren entgegen. Kostet einen Dollar das Photo. Für zwanzig Dollar darf man wahrscheinlich die Schlange mitnehmen. Aber die wiegt mehr als das Handgepäck erlaubt und die Vorstellung ein Flugzeug mit einer Riesenschlange um den Hals zu betreten, würde bestimmt auch Panik unter den Mitreisenden auslösen.

Ich besuche noch das Kriegsmuseum in dem viele verrostete Waffen zu sehen sind, die sicherlich auch im damaligen Neuzustand nicht gerade so aussahen als ob man damit einen Krieg gewinnen konnte.

Ein Kriegsveteran führt mich herum und erzählt über die Zeit des Krieges unter dem Pol Pot Regimes, dieses Wahnsinnigen der von sieben Millionen Kambodschanern drei Millionen umbringen ließ. Ich habe eigentlich für Waffen nicht viel übrig. Ich bin aber beeindruckt, als er mir ein Gewehr in die Hand drückt das ungefähr soviel wiegt wie eine Kiste Bier. Offensichtlich ist es aber einfacher eine Kiste Bier durch die Gegend zu tragen, die Flaschen kann man leer trinken und Pfand bekommt man auch zurück. Jedenfalls kann man sich mit Bierflaschen nicht erschießen und Verwundungen sind auch eher selten. Als höflicher Mensch und weil ich nun einmal da bin, lasse ich ihn das Schießeisen spannen und dann darf ich auch einmal abdrücken. Gottseidank befindet sich keine Patrone im Magazin, sonst wäre mir das verrostete Ding wohl um die Ohren geflogen.

Wortreich erzählt er mir, dass er dieses Ungetüm von Waffe jahrelang mit sich herumgeschleppt hat. Diese kleinen Menschen hier darf man nicht unterschätzen, es steckt unglaublich viel Kraft in ihnen.

Er zeigt mir dann seine Verwundungen durch eine Landmine und erzählt, dass er das Grab von Pol Pot besucht hätte, drauf gepisst hat und dann schnell davon gerannt ist. Ich bin der Meinung, dass man alle Kriegstreiber dieser Welt noch in Lebendzustand so behandeln sollte, die sterben dann an einem Übermaß an Harnsäure. Gibt ja noch genügend von diesen Vollidioten.

Das Highlight des Tages ist dann eine Seidenmanufaktur, interessante Führung, jetzt weiß ich alles über Seidenraupenzucht. Ein unglaublich aufwendiger Prozess mit vielen Arbeitsstufen bis dann am Ende der Handarbeit das fertige Produkt hergestellt ist. Am Ende der Führung der unvermeidliche Verkaufsraum mit landestypischen Produkten. Die Damen um mich herum fallen fast in Ohnmacht vor Glückseligkeit, ich höre ein vielstimmiges >>Oh my God<<. Sieht aber auch alles sehr schön und wertvoll aus. Ich fliehe, bevor meine Brieftasche die Schwindsucht bekommt.

Am Ende der dreitägigen Tour lädt mich der Tuk Tuk Fahrer dann zum Dinner zu sich nach Hause ein. Seine Frau kocht und wir trinken ein paar Bier zusammen. Bier ist sowieso überall auf der Welt der Einstieg zur Völkerverständigung. Ohne Bier würden sich die Leute viel mehr die Köpfe einschlagen, vor Fußballspielen passiert das bei uns auch mit Bier. Die Familie lebt in einer nach einer Seite offenen Wellblechhütte, vier kleine Kinder, das TV Programm hier ist einfach zu mies, Sex ist gut gegen Langeweile. Außerdem wird der Fernseher mit einer Autobatterie betrieben, die man mühsam immer wieder aufladen muss. Das besorgt hier jemand, der durch die Dörfer fährt und einen Generator sein Eigen nennt oder man fährt zu einer Ladestation und wechselt dort die leere gegen eine volle Batterie. Sehr langsam werden jetzt auch noch die letzten Häuser am Dorfrand an das elektrische Netz angeschlossen. In der Regenzeit steht dann das Schlafzimmer unter Wasser, bei viel Regen erfüllt sich der Traum von einem Wasserbett. Die Familie ist happy, ich zahle das Dinner und das Bier, alle freuen sich, die Familie weil sie umsonst speist und ich weil ich wieder einmal viel Lokalkolorit zu sehen bekomme.

Ach ja, dann ist da noch die Sache mit den Knabberfischen. überall in Down Town Siem Reap stehen große Aquarien an der Strasse. Auf dem Rand sitzen Touristen, halten die Beine ins Wasser und lassen sich von kleinen Fischen die Hautschuppen von den Beinen knabbern.

Glücklich grinsend sitzen diese Menschen da auf dem Beckenrand, während der Fußpilz des Nachbarn langsam im Fischmaul verschwindet.

Ob die Fische nach getaner Arbeit auf den Grill kommen weiß ich nicht. Und wenn dann als Spezialität >>Fisch mit Pilzen<<.

Morgen geht es dann zurück nach Vietnam. Ehrlicherweise muss ich gestehen, wenn man Ostasien bereist, ist Angkor Wat ein absolutes Muss. Die Anlage ist einfach überwältigend, atemberaubend schön und sehr beeindruckend, auch wenn ich im Tempel Ta Prohm nicht Angelina Jolie als Lara Croft in Tomb Raider zu sehen bekam, obwohl ich kurz hoffte sie würde dann doch noch um die Ecke kommen.

Das nette junge Mädchen vom Vietnam Airline Büro hat mir, auf meine Frage hin, die Adresse des Busanbieters auf einen Zettel geschrieben der mich in Mekong Delta bringen soll. Ich gehe davon aus, daß das die Adresse der Busstation ist. Weit gefehlt, mein Taxi hält vor einem Stadtbüro voller Menschen die sich vor dem Schalter drängeln. Ich drängele mit, kaufe ein Ticket nach Vinh Long im Delta für vier Dollar. Es sind ja nur 130 Kilometer. Die Angestellte deutet auf einen Stadtbus draußen vor der Tür, das sind die Busse mit fünfzig Sitzen und hundert Leuten drin, die überall halten und noch zwanzig Menschen mehr aufnehmen. Der fährt mich dann zum Busbahnhof. Das hätte ich auch direkt haben können, aber das Airlinebüromädel fährt wahrscheinlich niemals Bus, warum auch, hat ja ein Motorbike und verstopft damit
die Strassen.

Noch im Bus buche ich per Handy ein Hotel, das ist hier in diesem Ort ziemlich einfach, sowohl das Internet wie auch der Reiseführer verzeichnet nur drei davon. Für fünfzehn Dollar die Nacht bekomme ich einen sauberen Raum mit abgeteiltem Badezimmer.
Ich checke noch das andere Hotel gegenüber, aber das kostet fünfundzwanzig Dollar, sieht zwar schöner aus aber die Zimmer riechen einfach muffig, nein Danke. Beide Hotels haben einen Nachteil, auf der anderen Straßenseite befindet sich ein Karaokeschuppen. Und dort geht die Post ab. Bis abends zwölf Uhr versuchen sich junge Vietnamesen im Nachsingen von Liedtexten zu sehr lauter Musik von der CD. Schrecklich, kaum jemand trifft den Ton, die meisten Mädel piepsen, kreischen und die meisten Jungen befinden sich irgendwie im Stimmbruch. Alle finden das schön, ich nicht. Da fehlt mir irgendwie so ein Typ

den ich zu Hause mal im TV gesehen habe und der in irgendeiner dieser schwachsinnigen Casting Shows Kommentare wie:
>> Du klingst wie mein Ascheimer wenn er nach Abfall schreit<<
abgibt. Vielleicht sollte man auch damit anfangen die Obstreste vom Straßenrand auf die Bühne zu werfen wenn es dann ganz schrecklich ist. Also Karaoke ist etwas für Sadisten, wenn ihnen nichts Besseres einfällt um ihre Mitmenschen zu quälen.

Leider hat sich diese Tortur inzwischen über ganz Asien verbreitet.
Hier verkauft man spezielle Karaokeverstärker für den Hausgebrauch an jeder Straßenecke. Wenn sich das nach Deutschland ausbreitet, kaufe ich mir einen Granatwerfer.

Ich habe einen wunderschönen Blick von meinem Zimmer aus auf den Arm des Mekong River. In der Mitte zwischen den beiden Armen des Flusses gibt es eine Insel und die Fähre legt fast vor dem Hotel ab. Ich leihe mir ein Fahrrad und fahre auf die Fähre, das wollen ungefähr fünfzig bis sechzig Motorbikefahrer auch. Vietnamesen haben einen ungeheuren Vorwärtsdrang. Die Fähre hat noch nicht fertig angelegt, da fahren schon die ersten Bikes los. Die einen von der Fähre, die anderen auf die Fähre, alles wild durcheinander. Ich denke an das wohlgeordnete Europa, der Fährmann auf der Elbefähre von Wischhafen nach Glückstadt hätte jedes Mal einen Nervenzusammenbruch und müsste jeden Monat ausgewechselt werden um den Rest seines Lebens irgendwo in den Alpen kein Wasser mehr zu sehen. Auf der Insel fast wohltuende Ruhe. Die

Bikes verteilen sich schnell, man radelt an Obstgärten vorbei, über abenteuerliche Holzbrückenkonstruktionen die man über Kanäle gebaut hat und schaut sich das Leben der Obstbauern und Fischer an. Überall freundliche Hallorufe und fast jeder winkt einem zu. Irgendwo eine kalte Cola oder ähnliches, das Leben ist schön, bis meine linke Pedale vom Fahrrad ihren Geist aufgibt und in Einzelteile zerfällt.

Ich fange am Straßenrand an zu basteln, mit wirklich interessierten Kindern um mich herum, die sich freuen als ich eine Notkonstruktion hin bekomme.

Etwas erschöpft von der Hitze lasse ich mich an einer dieser Verkaufshütten nieder um etwas Kaltes zu trinken. Eine der beiden Damen fragt mich in einen sehr gebrochenen Englisch nach Strich und Faden aus. Ob ich denn verheiratet wäre? Als ich das verneine, erscheint in ihren Augen dieser typische >> will ich haben Blick<<.

Ich versuche ihr mühsam zu erklären, dass ich nicht auf der Suche nach einer Frau bin. Das stößt wahrscheinlich auf Unverständnis. Jeder unverheiratete Mann ist doch auf der Suche nach Weiblichkeit, versucht sie mir verständlich zu machen, warum denn ich nicht. Was läuft bei mir falsch?

Ich gebe mein Fahrrad abends im Hotel zurück, weise auf die reparierte Pedale hin, der Hotelier nickt freundlich, >>no Problem Sir<<.

Am nächsten Tag frage ich noch einmal nach einem Fahrrad. Natürlich ist das gestrige nicht repariert, er will es mir wieder andrehen. Ich nehme mir ein anderes aus dem Bestand, der arme Tropf der nächstes Mal das Fahrrad mietet, wird sich dann auf der Insel mit der defekten Pedale herumärgern müssen.

Ein wenig weiter vom Hotel weg befindet sich ein Gartenlokal in dem ich morgens frühstücke und abends noch einen Drink nehme. Hier gibt es fantastische Obstshakes aus frisch gepressten Früchten zu einem Preis, der absolut lächerlich niedrig ist.

Am Abend kommen dann noch ein paar Ratten zu Besuch in den Garten, die kleine Tierschau für Touristen.

Ratten gehören zu jedem Gartenrestaurant in Vietnam. Man sieht sie nicht gleich, aber sie sind da und wenn man sich nicht bewegt, kommen sie durchaus auch in die Nähe und sehen dich neugierig an.

Die eine oder andere wird sicherlich auch etwas abseits der Touristenströme die Speisekarte bereichern, man weiß sowieso nicht, was in Nudeln oder Reis mit Schweine- oder Rindfleisch, so alles drin ist.

In meinem Reiseführer steht, daß Saigon das Paris Asiens wäre und Nha Trang dann mit Nizza vergleichen könnte. Ich halte den Vergleich Saigon-Paris für sehr gewagt. Der einzige Vergleich wäre vielleicht die Kriminalitätsrate, ausgeraubt wird man in beiden Städten. Ich bin der Meinung, wer in Saigon nicht einmal betrogen, übers Ohr gehauen oder beraubt wurde, sollte noch einmal seine Reisepapiere durchsehen ob er nun wirklich in Saigon war.

Nha Trang hingegen kommt doch Nizza in sehr vielem sehr Nahe. Ich persönlich finde sogar, dass es stimmungsmäßig Nizza den Rang abläuft. Ein, für vietnamesische Verhältnisse sehr sauberer, kilometerlanger Strand mit vorgelagerten Inseln. Eine nett gestaltete Promenade, über die Strasse ein Luxushotel neben dem anderen und dahinter viel Lokalkolorit. Steht man auf einer der Brücken über der Flussmündung hat man einen stimmungsvollen Blick auf den Fischereihafen mit seinen bunten Schiffen, den Wellblechhütten der Fischer und zwischen den grünen Hügeln windet sich der Fluss wie eine Schlange hervor, die sich mit geöffneten Maul in das Meer frisst. Rechts vorne erhebt sich der Ponagar Tempel von dem man einen schönen Blick auf die Flussmündung hat. Sitzt man auf einer Bank auf der Promenade und lässt das Geschehen um sich herum an einem vorbeigleiten, findet man zu jeder Zeit etwas Interessantes. Da sind die Frauen, die mit einem Reisigbesen bewaffnet den Strand fegen und die Abfälle beseitigen. Die Familien die wie selbstverständlich auf der Promenade eine Plastikplane ausbreiten und picknicken. Oder auch die jungen Mädchen am Straßenrand auf ihren Motorbikes, die einem auch am Tage ungeniert viel Bum Bum anbieten.

Da sollte man allerdings vorsichtig sein, Ich höre die Story mehrmals, die Damen kommen zu dritt oder viert, während eine das Reden übernimmt, streichelt die Andere die Teile mit denen manche Männer in solchen Momenten fast ausschließlich denken.

Die Dritte hat dann ihre kundigen Hände in den Taschen, in denen man sein Geld aufbewahrt. Bei Vieren haut die letzte dann mit dem übernommenen Geld ab und alle machen ein unschuldiges Gesicht. Das wirklich Arge daran ist, für das losgewordene Geld gibt es dann noch nicht mal Bum Bum.

Viele Cafes in Nha Trang haben inzwischen europäischen Standard erreicht wobei die Preise immer noch um die Hälfte niedriger als in Europa sind. Man sitzt dort, löffelt seinen Kaffee und beobachtet die weiblichen oder männlichen Straßenräuber bei ihrer Arbeit.

Ho Coc ist der Arsch von Vietnam, in Ableitung von Arsch der Welt, nicht einmal der Motorbikefahrer, der vor meinem Hotel in Vung Tau herumlungert, kennt das Nest. Da er mich jeden Tag anquatscht ob ich nicht irgendwohin gefahren werden möchte, versuche ich es mal und frage ihn ob er mich nach Ho Coc fahren könnte, Wir einigen uns nach zähem Verhandeln auf fünf Dollar. Ich habe allerdings leise Zweifel ob ich sechzig Kilometer hinten auf einem Motorbike überstehe. Während ich dann meine Tasche aus dem Hotel hole macht er sich bei einem Kollegen schlau und will jetzt zwanzig Dollar für die Tour. Ich lehne ab, suche mir einen Bus, langes hin und her, das Nest kennt nun wirklich niemand,. Blöde Idee dort hin zu wollen, ich lasse mich aber nicht davon abbringen. Irgendjemand steckt mich in einen Bus. Keine Ahnung wo der hinfährt, dafür meint der Fahrer allerdings er müsste von mir seinen Monatslohn kassieren. Egal, bin in Geberlaune, will weg aus dem lauten Vung Tau, suche mein Paradies, Stille, Strand, Meer.

Mein nun wohlhabender Busfahrer setzt mich an einer Ecke im Nirgendwo ab und bedeutet mir, dass dort demnächst ein Bus in die Querrichtung kommt, der mich weiter mitnimmt.

Ich weiß nicht mal wo ich bin, Gottvertrauen ist jetzt Alles. Nach einer Stunde Warten in der Hitze kommt der Bus.

Ho Coc, klar, steig ein, für deine Tasche finden wir schon einen Platz.

Dieses Mal fahre ich für einen moderaten Preis, dafür sitz ich dann wie ein Huhn auf der Stange, klemm mir die Eier ab, gut, wer braucht die schon in Vietnam. Noch mal umsteigen, das gleiche Spiel und dann endlich am Ziel. Das heißt, ich ende an einem Bushalteschild mit einer Hütte im Hintergrund, in der man Getränke und undefinierbare andere Ding verkauft.

Vor der Hütte ein unvermeidlicher Motorbikefahrer. Er will drei Dollar für sechs Kilometer, wie er sagt, hält mir die entsprechenden Scheine hin, ich lache ihn aus, zeige ihm den Gegenwert von einem Dollar. Er will dafür nicht fahren. So geht das eine volle Stunde, er nähert sich immer mehr meinem Preis, bis dann ein zweiter Bikeheini auftaucht, da wird er munter, startet sein Bike, rollt auf mich zu und will mich für einen Dollar fahren. Am Resort angekommen, fängt er wieder an zu verhandeln, will mehr, ich lasse ihn einfach stehen. Buche mich ein, tolles Resort, hundertzehn Bambushütten mit Pool und Restaurant, acht Kilometer Strand und ich bin mit zwei vietnamesischen Familien ganz alleine hier und die verstehen kein Englisch, toll. Ruhe!!

Irgendwann kommt dann ein junges Paar mit Fahrrädern in die Hütte neben mir, die haben ihre bikes eingeflogen und radeln Südvietnam ab. Nette Unterhaltungen aber Meine Mails nach Hause nehmen hier, durch die komplette Einsamkeit poetische Züge an.

Eine Mail von Ho Coc heimwärts:
Habe jetzt mein Paradies an diesem einsamen Strand verlassen.
Da ich dort nichts, aber auch gar nichts, in der Nähe hatte,
war das Leben auf baden im Meer, am endlosen Strand
entlanglaufen, essen und trinken beschränkt. Irgendwie ist es
wie eine innere Reinigung, der Wind fegt die Kammer in der
sich die Seele befindet rein und was bleibt ist nur ein
Versinken in die Schönheit der Umgebung. Jeden Abend ein
blutroter, zum Heulen schöner Sonnenuntergang über dem
Meer. Du sitzt am Strand und in deinem Gehirn breitet sich ein
sehr warmes Gefühl aus. Die Gedankenanstöße die aufzucken,
bleiben größtenteils nicht hängen, du atmest unverfälschtes
Leben in dich hinein.

Ganz hinten am Strand gibt es ein paar Fischer mit kleinen Booten, die nachts rausfahren und am Tag ihre Netze richten, ich frage mich ob die so absolut zufrieden wie ich sind. Natürlich kommen Momente der Einsamkeit auf, speziell wenn ich abends dann vor meiner Bambushütte sitze und mein Bier trinke.

Habe mir auch etwas etwas länger Bleibendes mitgebracht, ich sehe aus wie ein Streuselkuchen, von Mücken zerstochen, es juckt und es gibt wenige Körperteile die nicht befallen sind. Alles ein Ergebnis daraus, dass ich zu spät am ersten Tag in der Bambushütte mein Moskitonetz ausgebreitet habe. Es waren mehr Mücken drinnen im Netz wie draußen. Halt mal eine Taschenlampe und versuch mit beiden Händen eine Mücke zu klatschen. Egal, wird alles überlagert von der Schönheit des Augenblicks.

Hoi An ist die Puppenstube Vietnams. Circa zweihundert Jahre alte, sehr kleine Häuser, liebevoll erhalten, verbreiten einen etwas morbiden Charme. In den meisten befinden sich Restaurants oder Läden. Es gibt unglaublich viele Schneidereien, in denen man sich in zwölf Stunden einen Anzug oder ein Kleid schneidern lassen kann. Da meine Reisetasche sowieso voll ist und schon soviel wiegt, daß ich mir überlege mir einen privaten Taschenträger zuzulegen, habe ich erst gar nicht gefragt, was das denn kostet. Alles soll aber extrem billig sein. Die Stoffe kann man sich nach seinem Geschmack aussuchen.

Der Ort hat einen schönen Markt auf dem man auch Kopien von Designer-T-Shirts, Seidenschals und jede Menge anderes Zeug kaufen kann, das jeder nun mal vorzuweisen hat, wenn er von so einer Reise zurückkommt. Es macht einfach Spaß in einem der vielen Restaurants zu sitzen und den Wahnsinnshaufen der Touristen dieser Welt an sich vorbei flanieren zu sehen.

Morgen werde ich mal wieder auf ein Motorbike steigen und die Gegend erkunden. Von Da Nang bis hier und das sind circa 30 Kilometer erstreckt sich die China Beach, reiner Sandstrand, an dem unglaublich viel neue Hotel Resorts gebaut werden, Dann kommt noch mal 20 Kilometer unbebauter Strand mit dahinter liegenden Dünen.

Werde wohl erstmal in die so genannten Marmorberge fahren. Ansonsten gibt es hier in der Nähe Ausgrabungen der alten Tempelstadt My Son die die UNESCO zum Weltkulturerbe erklärt hat.

Allerdings hat es angefangen leicht zu regnen, ich habe die Wetterscheide des Wolkenpasses noch nicht überquert, wahrscheinlich erwarten mich dahinter drei Meter Schnee. Nach den fünfunddreißig Grad in Nha Trang ein schöner Schock.

Am nächsten Tag ist der Regen vorbei, es herrscht wieder strahlendes Wetter. Ein Motorbike für fünf Dollar ist schnell gemietet. Hier in Hoi An unterbieten sich alle Vermieter im Preis, weil es ein mehr als ausreichendes Angebot gibt. Ich fahre erstmal ein wenig in der Gegend herum, lasse mich ziellos treiben und finde an einem Fluss ein wunderschönes Gartenrestaurant. Die Speisekarte ist auf Englisch und ich lasse mich mal wieder mit den Köstlichkeiten der vietnamesischen Küche verwöhnen. Das Wasser des Flusses zieht träge vorbei, etwas weiter wirft ein Fischer sein Netz aus, eine innere Ruhe breitet sich aus. Die Welt ist doch schön. Mit mir und der Welt zufrieden fahre ich Richtung Da Nang. Kurz vor den Marmorbergen überholt mich ein Bike, die junge Dame auf dem Rücksitz schreit herüber und fragt wo ich hin will. Dann bedeutet sie mir ihnen zu folgen. Als wir links von der Hauptstraße abbiegen, schneiden die beiden im Kamikazestil einen Lastwagen. Ich halte mich, nach meinen Erfahrungen, zurück und warte bis die Straße frei ist um abzubiegen. Ungeduldig kommen die beiden zurückgerollt. Ich soll vor ihrem Laden parken, sonst gebe es nicht viele Abstellmöglichkeiten für mein Bike. Der Ort ist vollgeknallt mit Shops, die alle kleine und große Figuren und Skulpturen aus Marmor verkaufen. Ich marschiere erstmal die Treppen die auf den Berg führen herauf. Überall rings herum Werkstätten die Marmor verarbeiten. Die Aussicht vom Berg herunter auf die China Beach ist einfach grandios. Sie wird allerdings durch die schiere Masse von Touristen etwas getrübt. Ein Lehrer der mit seiner Schulklasse unterwegs ist, verarztet einen Schüler der sich das Knie beim Einstieg in eine Höhle verletzt hat. Das sieht etwas unprofessionell aus, mehr Mullbinden und Pflaster kann man wohl nicht auf eine Wunde packen, aber wahrscheinlich war der Sanitätskoffer sowieso zu schwer, da musste was raus.

Auf Sauberkeit bei der Wundversorgung wird allerdings nicht geachtet, der Lehrer patscht mit seinen Händen im Dreck herum um sich abzustützen und dann mit dreckigen Fingern auf die Mullbinden, das gibt bestimmt eine Infektion.

Ich überlege kurz, ob ich ihm mein Taschenmesser anbieten soll. Wenn schon Amputation, dann doch gleich vor Ort. In Ermangelung eines Narkosemittels einen Knüppel zum raufbeissen zwischen die Zähne und dann mutig sägen und schneiden, sieht man doch in jedem Western, das geht schon. Hinterher das Messer in einem Feuer zum glühen bringen und die Wunde ausbrennen, allerdings fehlt mir dafür der Whiskey damit ich beim zusehen nicht ohnmächtig werde. Oder gießt man den Alkohol dann auf die Wunde, wie war das denn noch?

Als ich mein Bike unten am Shop dann wieder abholen will, stürzt sich das Paar das mich hierher geführt hat auf mich, ich soll in den Laden kommen und etwas kaufen, so als Ausgleich für das kostenlose Parken. Die Figuren sind ja wirklich wunderschön gearbeitet aber was soll ich damit und vor Allem will ich mich damit auch nicht bis zum Ende meiner Reise abschleppen, also erkläre ich ihnen erstmal, daß ich kein Geld dabei habe, was auch stimmt, weil das Geld was ich lose in der Tasche mit mir herumtrage bestimmt nicht für eine Figur ausreicht. Große Enttäuschung auf der anderen Seite, kein Verständnis dafür, daß man hierher fährt und kein Geld für Souvenirs dabei hat. Schließlich ist doch jeder Tourist steinreich. Was ja irgendwie auch stimmt, zumindestens wenn er sich hinterher mit diesem Steinzeug abschleppt. Zu allem Überfluss darf er dann am Flughafen Unsummen für Übergepäck bezahlen. Ich lasse mir trotzdem in aller Ruhe die verschiedenen Figuren erklären, höre mir geduldig an, dass man mir auch einen

Sonderpreis einräumt, wenn ich Morgen mit viel Geld wiederkomme. Viel später finde ich dann in den Geschäften von Hanoi heraus, dass die gleichen Figuren dort für einen Bruchteil des in den Läden der Marmorberge genannten Preises gehandelt werden.

Eine E-Mail von Hoi An heimwärts:

ich sitze in einer Art Bistro am Flussufer, nippe an meinem Cocktail während die Dämmerung langsam in Dunkelheit übergeht. Hinter mir duftet es vom Grill her, ich habe mir ein Paar Garnelen in Knoblauch und Zitronengras bestellt. Vom anderen Flussufer spiegeln sich die Lampen der vielen Restaurants und Cafes die sich beiderseits des Flusses angesiedelt haben in dem sich kräuselnden Wasser. Die alten Frauen, die tagsüber Touristen um die Flussinsel herumrudern, bringen ihre Boote heim. Ab und zu kommt eine Verkäuferin vorbei mit Nüssen und Ähnlichem und versucht ihr Zeugs loszuwerden. Alle Sprachen dieser Welt und vielleicht noch ein paar ausserirdische wabern um mich herum, die Stadt ist voller Touristen, trotzdem hat man hier nicht das Gefühl eingeengt zu sein. Eine sehr relaxte Stimmung überfällt mich, während ich mich tiefer in meinen Pullover kuschele, es ist scheisskalt hier, so um die 18 Grad plus.
Ich bin heute Morgen mit dem Nachtzug aus Nha Trang hier in Hoi An eingetroffen, nachdem ich nun das dritte Mal in meinem Lieblingshotel bei Mr. Bu abgestiegen war um einfach mal wieder den perfekten Service seines Hotels zu genießen.

*Obwohl ich im Zug mein Vierbett- Abteil mit einer
vietnamesischen Familie mit Kind teilte, konnte ich doch fast
acht Stunden schlafen.*
*So, werde mal mit der netten Französin neben mir noch einen
Drink nehmen, die ist auch grade am Tippen um ihren Mann
und den Kindern mitzuteilen, dass es ihr gut geht.*

Über Frauen in Vietnam muss man das eine oder andere Wort
verlieren. Da gibt es zum Einen die alleinreisenden Touristinnen,
deren Mut, die etwas abenteuerlichen Zustände bei Bus-und
Bahnreisen auf sich zu nehmen, man bewundert, zum Anderen
sehr selbständig wirkende einheimische Damen, die hier das Heft
des Lebens fest in der Hand halten.
Bei der Weiterreise von Dong Hoi nach Ninh Binh, die ich mit
dem Zug absolviere und bei der mich ein Zimmernachbar aus
meinem Hotel begleitet, springt uns im Bahnhof von Dong Hoi
eine junge Vietnamesin entgegen, fällt mit einem Wortschwall in
einem sehr niedlichen Englisch über uns her und fragt uns ob sie
uns behilflich sein könnte. Wir überlassen ihr gerne die Buchung
unserer Fahrkarten, herrscht doch vor der Scheibe der
Fahrkartenverkäuferin ein ziemliches Gedränge. Mit der
geballten Kraft eines T-34 Panzers, verborgen in einem kleinen
Körper, wälzt sie sich durch die Menge und bevor auch nur
jemand protestieren kann, hat sie schon die Aufmerksamkeit der
Ticketverkäuferin auf sich gezogen. Freudestrahlend kommt sie
mit zwei Tickets zurück, händigt uns das Wechselgeld aus und
dirigiert uns zu einer leer stehenden Sitzbank. Mein
Reisebegleiter verschwindet um sich etwas zu Essen zu besorgen
und Lan, so heißt der T-34 erzählt mir, dass sie als
Englischlehrerin in einem kleinen Dorf vor Ninh Binh beschäftigt
ist und jede sich bietende Gelegenheit nutzt, sich mit Touristen

zu unterhalten um ihr Englisch zu verbessern. Ihr Ehemann sei auch Lehrer für Geschichte an der gleichen Schule und sie haben einen kleinen Sohn, lässt sie mich wissen. Der Ehemann hängt hier auch irgendwo herum, muss also gefunden werden, damit er mich begrüßen kann. Auch das erledigt sie mit einer unglaublichen Energie, schickt ihn dann allerdings wieder weg, weil er kein Englisch spricht und sowieso nur nutzlos herum steht, wie sie meint. Ich werde mal wieder nach Strich und Faden über mein Leben und die Zustände in Deutschland ausgequetscht, ich glaube ich werde mich nach meiner Rückkehr in Berlin als Reise-Sonderbotschafter im diplomatischen Dienst anheuern lassen um unser Land im Ausland zu repräsentieren.

Als der Zug einläuft, kümmert sie sich erstmal darum, dass wir auch in das richtige Abteil einsteigen, bevor sie mit ihrem Mann in den doch sehr weit hinten angehängten Wagon verschwindet.

Mit Lan hat sich dann auch ein reger E-Mail Verkehr entwickelt, der sehr viel Spaß macht.

Nachmittags nehme ich den Zug weiter nordwärts nach Ninh Binh. Im Zug wird es nett, aus unerklärlichen Gründen gibt es auf dieser Fahrt keine Vierbett- Softsleeper sondern nur Sechsbett-Hardsleeper Kabinen. Drin eine Vietnamesische Großfamilie mit ungeheuren Mengen von Essen dabei. Grosse Reistafel. Aus unerklärlichen Gründen hatte ich meine Socken nun drei Tage an. Kunstfaser fängt nach dieser Zeit, auch wenn man wie ich bedingt durchs Motorbikefahren am Tag zwei Mal duscht, an zu riechen. Der Gestank vermischt sich dann wundervoll mit der kalten Reisplatte. Ich glaube, dass nennt man in Deutschland Erlebnisgastronomie. Das Angebot mit ihnen zu Essen lehne ich dankbar ab, das ist mir dann doch et-was zu viel des Guten .

Ich bekomme drei verschiedene Ankunftszeiten von drei Personen am Schalter und im Zug genannt, telefoniere zwei Mal mit dem Hotel, damit auch klar ist, dass ich in der Nacht ankomme, mit dem Ergebnis, dass ich Nachts um Eins vor dem verschlossenen Tor des Hotels stehe. Der Taxidriver, der mich vom Bahnhof hierher gefahren hat, hupt wie bescheuert. Das erste Mal, dass ich eine Hupe nett finde. Ich bekomme dann doch noch mein Zimmer, bereue es aber gleich wieder, da das Zimmer ungefähr die Größe einer Gästetoilette in einem deutschen Haushalt hat. Außerdem bricht hier tagsüber laufend der Strom ab. Alles nicht so schlimm sagt mir der Hotelangestellte, wir haben einen Generator, dieser übertönt zwar jedes Gespräch aber man ist stolz darauf, das der PC im Hotelfoyer unterbrechungsfreies Internet herbei zaubert. Zu allem Überfluss regnet es auch noch etwas stärker.

Also setze ich mich an den PC, konzentriere mich trotz des infernalischen Lärms des Generators auf dieses Buch und verfasse wieder einmal eine kurze Geschichte. Jeder, der sich mit einem PC auskennt warnt davor, daß man vor Abstürzen nicht gefeit ist. Aber doch nicht nach zwei Stunden Schreiben, denke ich.

Plötzlich gibt es wieder Strom meldet mein kleiner Vietnamese. Er geht mit stolz geschwellter Brust zum Generator und schaltet diesen aus. Mein Monitor gibt noch ein letztes Lebenszeichen von sich, flackert und erlischt. Die halbe Story verschwindet im Nirwana.

>>Oh<<, sagt er, >>ich hätte wohl erstmal den Strom wieder vom Generator auf die Hauptleitung umschalten sollen<<.

Nun ja, denke ich, das wäre wohl der bessere Weg gewesen. Aber ich habe ja sowieso nichts zu tun und draußen schüttet der Himmel immer noch wie aus Kübeln sein Wasser auf Vietnam, also kann ich das auch noch mal schreiben.

Ninh Binh entpuppt sich als ein etwas trostloses Nest. Ich suche am Abend nach den im Reiseführer angegeben Restaurants um irgendetwas zwischen die Zähne zu bekommen. Das erste Resto weisst mich ab, wahrscheinlich ist ihnen das Essen ausgegangen. Ich marschiere zwei Kilometer zurück und finde das im Buch gelobte zweite Resto mit authentischer Küche. Sich vor dem Essen die Toiletten anzuschauen halte ich in Vietnam generell für fragwürdig, man freut sich dann nicht mehr so auf die Speisen. Diese hier schlägt mal wieder alle Rekorde in Punkto Unsauberkeit, es stinkt erbärmlich. Kein Wunder, der Laden ist Anlaufstelle für Fernbusse die ausschließlich mit Einheimischen unterwegs sind. Wer einmal auf einem Busbahnhof in Ostasien auf die Toilette musste, weiß wovon ich rede. Das Restaurant hat dann auch den Charme einer riesigen Bahnhofshalle, also völlig trostlos. Nachdem man an riesigen Tischen die Reisegruppe abgefertigt hat, sieht die Umgebung der Tische aus als hätte man auf einer Müllhalde gespeißt.

Das Essen selber ist zwar nicht ganz so schlecht wie ich vermute aber das Beste ist eigentlich noch das Bier um die Erzeugnisse für vietnamesische Touristen herunter zu spülen.

Der Mensch, der dieses Lokal für den Reiseführer besucht und lobend beschrieben hat, muss wirklich sehr hungrig gewesen sein.

Ich werde mir Morgen mal wieder ein Bike mieten und die Gegend erkunden, leider ist es sehr mieses Wetter und auch sehr kalt.Das Alles lädt nun nicht gerade zum Bleiben ein, obwohl ich dann meine Tour durch die so genannte trockene Ha Long Bucht mache und feststelle, dass auch bei schlechtem Wetter durchaus Sehenswertes dabei heraus kommt. Natürlich ist der Name der Bucht mal wieder irreführend, trocken ist hier mal gar nichts, Ein Fluss zwischen Reisfeldern, Felsen im Nebel die aus den Reisfeldern herauswachsen und eine mystische Atmosphäre schaffen. Wenn du dann noch mit dem Boot über den Fluss gleitest, fühlst du dich wie in einer anderen Welt. Ich sitze in einem kleinen Boot, das von einer Vietnamesin gerudert wird. Das kann sie zu meinem Erstaunen sowohl mit den Armen wie auch mit den Füßen. Um dabei Energie zu tanken, kaut sie Betel und spuckt den Saft alle paar Minuten kräftig in die Brühe um uns herum. Die Fischer in ihren Booten, denen wir begegnen, freut das, die Fische sind so betäubt vom Betelsaft, dass sie freiwillig in die Netze schwimmen. Ich frage mich, wie berauschter Fisch wohl schmeckt und ob ich gegen das Rauschmittelgesetz verstoße wenn ich den Fisch dann esse. Irgendwann hört meine Bootsführerin dann mit dem Rudern auf und kramt aus unzähligen Plastiktüten handgearbeitete Decken, Holzfiguren und Seidentücher heraus. Wortreich erklärt sie mir, daß man das als Geschenk für Freunde und Familie unbedingt mit nach Hause nehmen müsste. Mein Einwand ich hätte keine Familie führt sie wahrscheinlich wieder zu der Überlegung mir eine einheimische Familie zu verschaffen. Bevor sie sich auch nur gedanklich in diese Untiefe hineinbegibt, drücke ich ihr umgerechnet 2 Dollar in die Hand und bedeute ihr, daß ich dafür keinen Gegenwert erhalten möchte und die Sachen nicht in meinen kleinen Koffer passen.

Sie nimmt das Geld und freut sich.

Ich habe die wundervolle Puppenstube Hoi An ungern verlassen, nicht zuletzt leider, weil ich dort einen Engel der Lüfte kennen gelernt habe. Das sind diese feenhafte Wesen, die durch die Flugzeugkabinen dieser Welt schweben uns auch noch das schlimmste, in Alufolie eingewickelte Essen schmackhaft machen, während uns ihre männlichen Kollegen Orangensaft über unsere Kashmirpullover gießen.

Diese Mädel denen die Männer auf den Hintern schauen und unkeusche Gedanken bekommen, sodass ihre Ehefrauen daraufhin die Duty Free Shops dieser Welt völlig frustriert leerkaufen. Also jene, welche ich getroffen habe, ist jedenfalls sehr jung, sehr gut aussehend, sehr intelligent und was für mich natürlich das Wesentliche ist, man kann sich mit ihr wundervoll unterhalten. Leider haben sich unsere Wege getrennt, obwohl es wohl ein großer Zufall war, denn eigentlich wollte ich schon einen Tag vorher die Tour machen auf der wir uns begegnet sind, aber diese Welt ist so klein, dass ich ihr bestimmt wieder begegne.

Nachdem ich mich von meinem Engel der Lüfte in Hoi An getrennt habe und wir unterschiedliche Strecken bereisen, bekomme ich doch hin und wieder ihre Reiseberichte per Mail. Allerdings höre ich eine ganze Weile nichts von ihr und denke, dass sie mich doch schnell vergessen hat. Doch dann schildert sie mir ihre Reise mit dem so genannten Schlafbus nach Nha Trang per E-Mail wie folgt:
Der Bus!!! Yeah!!!

"Don"t take this bus. The driver is under drugs or drunk!" (für alle die kein Englisch können:) " Steigt nicht in den Bus. Der Busfahrer ist unter Drogen oder betrunken") ...so steigt eine fertige Passagierin, nach einem 12 Stunden Trip von Nha Trang nach Hoi An aus...was für eine Begrüßung... das wird ja lustig...
Wie war das noch mal... ich hab zwar Urlaub.. aber vielleicht, wäre der 30 second review gar nicht so schlecht ... so ich liege am Fenster auf der rechten Seite... oben die versüfften Backpacker (was 1. klasse sein soll mit Air Condition) und unten die Vietnamesen, die liegen nicht nur in den Betten, sondern auch im Flur... also zur Not über die Vietnamesen. Ausgang ist nur vorn, oder halt durchs Fenster... hinten befindet sich die "komfortable Bordtoilette" ...
weil Busfahren soviel Spaß macht, geht es noch mal eine Stunde in den Norden nach Da Nang.... der Bus wird immer voller. Nicht nur mit Menschen sondern auch mit Reis. In Hoi An sind wir mit ca. 40 eingestiegen... jetzt sind wir mindestens 70 ...alle schön aneinander gekuschelt. Da kann ich doch eigentlich glücklich sein, dass die Vietnamesen Hühner und Hunde zu Hause gelassen haben :)

*Die Fahrt kann nun endlich in den Süden beginnen. Die erste
Kakerlake krabbelt auch schon an meiner Seite... aber die sind
ja mittlerweile schon meine treuen Freunde :) Wer mit Ratten
speist, kann auch mit Kakerlaken schlafen.*

Ein paar Tage später erreicht mich dann die Nachricht, dass
mein Engel der Lüfte mit einem Blinddarmdurchbruch in Da Lat
ins Hospital eingeliefert wurde. Das Krankenhaus in Da Lat
macht von außen einen hervorragenden Eindruck, vermittelt dann
aber, wenn man erst einmal die Eingangstür durchschritten hat,
den Eindruck eines überfüllten Bahnhofs. Liegt man erst in
einem der Zimmer, geht das mit gebuchte
Unterhaltungsprogramm erst richtig los.

Das Highlight im Leben einer vietnamesischen Großfamilie ist
auf jeden Fall mal, ein krankes Familienmitglied im Krankenhaus
zu besuchen. Berge von Essen werden angeschleppt, das Zimmer
sieht in kürzester Zeit aus wie ein Picknickplatz. Da es hier, aus
Ermangelung von Steckdosen, keine Möglichkeit gibt die
Kranken mit Karaoke zu beglücken, was bei jedem Patienten
sofort einen Fluchtgedanken auslösen würde, fängt die ganze
Familie dann an zu singen. Ein würdiger Ersatz für die in
deutschen Krankenzimmern vorhandenen TV Geräte.

Die hygienischen Zustände sind unbeschreiblich, verrostete
Armaturen im Badezimmer sind noch das angenehmste was man
zu vermelden hat, ansonsten besteht die Toilette nur aus einem
Abtritt mit einem Wassereimer und einer Schöpfkelle, die
Operationsääle machen einen sehr vertrauenswürdigen Eindruck,
einer Bahnhofstoilette ähnlich, die lange nicht mehr geputzt
wurde. Alles schreit nach Infektion. Einige der Schwestern, die
natürlich auch kaum Englisch sprechen, überbieten sich in
Unfreundlichkeiten, was muss diese reiche Touristin auch

ausgerechnet hier krank werden, wir haben doch schon Arbeit genug. Trotz Allem finden sich auch hier, wie überall in Vietnam unglaublich viele hilfsbereite und liebenswerte Menschen, wie die Mitpatientin, die bereitwillig ihre langen Ringelstrümpfe opfert, diese meiner Freundin überzieht damit ein wenig Wärme und Fröhlichkeit entsteht und ihr darüber hinaus bei den unangenehmen Dingen eines Klinikaufenthaltes bei Seite steht.

Allerdings kostet die Operation mit Krankenhausaufenthalt auch nur so etwa um die 200 Dollar, da überlegt man sich doch schon ob man nicht bei der nächsten anstehenden Herzoperation nach Vietnam reisen sollte, ich glaube, als Mann kommt man bei den Schwestern auch besser weg.

Mein Engel kann sich allerdings an Mangel an Unterhaltung nicht beklagen, unser Hotelier schickt ihr wohl laufend irgendwelche, zumindest englisch sprechende Menschen auf ihr Zimmer, die alles geben um einer danieder liegenden Gleichgesinnten ein bisschen Trost zu spenden.

Abschied ist immer der Beginn der Geschichte eines Wiedersehens und so mache ich auf den Weg mit dem Bus nach Hue.

Ich lande in einem netten Hotel in Hue, geführt von Mrs. May, einer sehr couragierten Lady, circa 50 Jahre alt, immer außergewöhnlich gut gekleidet, sehr höflich, charming und sehr bestimmt. Hat ihr Hotel fest im Griff, die Gäste auch, selbst der unhöflichste Gast wird hier zum handzahmen Trottel. An ihrer Seite ein kleiner weiblicher vietnamesischer Kobold, die durch die Gegend flitzt, allen Gästen schon von Weitem ein fröhliches >>hello can I help you<< entgegenschmettert und dabei unentwegt kichert, sich dabei biegt vor Lachen, man kann nicht anders, man muss mitmachen und lacht sich halb tot.

Heute war ich dann wieder auf einer Tour, drei Königsgräber, zwei Tempel und eine Pagode, dazu zwei Stunden mit dem Boot auf dem Fluss, alles sehr schön, bis auf den Umstand das das Mittagessen das im Preis enthalten war nur aus einer Schale Reis oder einer Schale Nudeln bestand, wer mehr wollte musste bezahlen obwohl die ganze Tour mit Essen inklusive verkauft wurde. Gaunereien an die ich mich gewöhnt habe. Jedenfalls war der Tag ausgefüllt. Natürlich nicht ohne Missgeschick meinerseits.

Beim Wechseln der Hose habe ich mein Geld, das ich immer, wegen der Taschendiebe, lose bei mir trage in der letzten Hose gelassen, also stand ich ohne Geld da. Ein nettes Ehepaar aus Germany half mir aus und zahlte die Eintrittsgelder, es gibt eben noch nette Leute. hätte mich auch geärgert, die Gräber waren außergewöhnlich schön.

Abends in Hue treffe ich einen älteren Herren auf dem Fahrrad, der seine selbstverfassten Gedichte an Touristen verkauft, beim ersten Zusammentreffen lehne ich ab irgendetwas zu kaufen, was soll ich mit einem Gedicht denke ich. Später läuft er mir dann noch einmal über den Weg und wir kommen ins Gespräch. Mr. Hoang spricht perfekt Englisch und Französisch, auch ein paar Worte Deutsch. Wobei er mir mit Bedauern mitteilt, daß er gerne mehr von meiner Sprache lernen würde, es gäbe aber in seiner Umgebung niemand der Deutsch spricht.

Wir tauschen uns auf Englisch aus, er möchte gerne mehr über unser Land erfahren aber selten würde jemand von den Touristen etwas mehr erzählen. Es wird ein etwas längeres Gespräch. Dankbar reicht er mir zum Abschied einen Zettel mit einem Gedicht das er verfasst hat. Als ich mein Geld hervorhole lehnt er eine Bezahlung ab, das wäre die Gegenleistung für die Zeit die ich mir genommen hätte, meint er. Ich lese das Gedicht abends in meinem Hotelzimmer, es berührt mich sehr, ob es nun Zufall war oder ob er meine Einsamkeit gespürt hat, jedenfalls passt es irgendwie im Moment in mein Leben.

Gold Dream

the moon lying on waves,
der Mond liegt auf den Wellen

forgetting sorrow of life.
vergiss die Sorgen des Lebens

You laid your head on my shoulder,
du legtest deinen Kopf auf meine Schulter

eyes brilliant tears....
die Augen klare Tränen

You sang the day hadn't gone
du sangst der Tag ist nicht zu Ende

The boat was far from the quay
das Boot war weit vom Kai

That drizzly afternoon
dieser regnerische Nachmittag

you are a love story
du bist eine Liebesgeschichte

I wanna be your love
ich möchte dein Geliebter sein

because you are a fairy
weil du ein Märchen bist

Now you are leaving
nun verläßt du mich

thousands of oceans separation
tausende von Meeren trennen uns

you sing a love song
du singst ein Lied der Liebe

the wind crying
der Wind weint dazu

I run to find your fragrance   i
ich laufe um deinen Duft zu finden

then fall unsteady
dann falle ich schwankend

Soul is loosing in eternity
Die Seele verloren in der Ewigkeit

looking at you, laughter broken up
ich sehe dich an, Gelächter bricht ab

The boat of the moon carrying dreams
das Boot des Mondes trägt Träume davon

sinking in the clear quiet air
die in der klaren, stillen Luft versinken

Oh, the river of lights
Oh, die Flüsse des Lichts

lets gold dreams drift.
lasst goldene Träume treiben

Ich bin nun 3 Tage in Dong Hoi, das ist eine nette kleine Stadt am Meer, habe mir mal wieder ein Motorbike gemietet und mir die sehr schöne Landschaft angesehen. In der Nähe von Dong Hoi gibt es ein riesiges Höhlensystem, in das man mit dem Boot ein paar hundert Meter weit hineinfahren kann, ich komme ins Schwärmen. Am nächsten Tag fahre ich dann zu einer zweiten Höhle, die erst vor drei Monaten für die Öffentlichkeit zugängig gemacht wurde. Ich muss 524 steile Stufen hochklettern, bin dann oben angekommen einfach nur fertig, aber die 70 Kilometer Fahrt zur Höhle haben sich mehr als gelohnt. Vorher verfahre ich mich natürlich ein paar Mal. Ich ende irgendwann und irgendwo im Niemandsland an der Laotischen Grenze, der Grenzbeamte trottet aus seiner Hütte am Straßenrand und erklärt mir irgendwie, das es hier für mich nicht weitergeht. Ich zeige mal wieder einen Zettel auf dem der Name der Höhle steht. Er bedeutet mir, indem er mir zweimal beide Hände mit ausgestreckten Fingern zeigt, daß ich 20 Kilometer zurück fahren müsste. Sich zu verfahren ist hier leicht, Karten gibt es zwar, die sind aber, wie doch so vieles in diesem Land, nicht aussagekräftig genug. Als ich die Höhle dann finde, gibt man mir eine von diesen weiblichen vietnamesischen Guides mit auf den Weg, die mich unentwegt vollplappert.

Nach 524 Stufen ist mir selbst das egal. Setze mich erschöpft hin und trinke erstmal was. Als Zugabe bekomme ich noch einen Security Kerl an meine Seite, der aufpasst, dass ich keine Steine abreche. Die haben meine Tasche nicht gesehen sonst würden die das nicht denken. 16 Kilo und voll, da geht nichts mehr rein. Viel Personal, wenig Betrieb, die Höhle ist einfach umwerfend, der Weg hat sich gelohnt. Auf dem Rückweg aus der Höhle erzählt mir die Kleine von ihrem Liebeskummer, Ich fühle mich mal wieder wie ein Seelenklempner, Frauen vertrauen mir die intimsten Dinge an. Ihr Boyfriend hat eine andere und will sie verlassen. Ich rate ihr zu einem Tritt in den Hintern von dem Typen, laufen doch genug nutzlose Kerle hier rum. Das will sie aber nicht, große Liebe bedeutet sie mir. Außerdem was würden Nachbarn im Dorf sagen, wenn sie mit nun 25 Jahren auf dem kleinen Buckel nicht endlich einen Ehemann einfangen würde.

Wer hier in Vietnam zu Fuß geht, ist entweder Tourist oder hat kein Motorbike, gehört also noch zu den Minoritäten, die eigentlich nur störend auf das einwirken, was Einheimische am liebsten machen, nämlich shoppen per Motorbike. Man entscheidet sich mit der Familie zum Einkaufen zu fahren, belädt das Motorbike mit bis zu vier Personen, mehr geht meistens nicht, wobei das jüngste Kind vor der Brust des Fahrers knapp hinter dem Lenker sitzt, also praktisch auf den Knien des Fahrers. Hinter dem Fahrer, meistens ist das jemand aus der Gattung Mann und vor der Ehefrau sitzt das zweite Kind. Die Frau sitzt dann auf dem Rest der Sitzbank, wobei nicht zu erkennen ist, ob da wo sie sitzt überhaupt noch eine Sitzbank vorhanden ist. Da die meisten Läden alle ebenerdig angelegt sind, könnte man auch fast bis in den Laden fahren. Das haben aber wohl mit der Einführung dieser Fortbewegungsmittel zu viele gemacht, also hat man klugerweise den Innenraum des Ladens etwas erhöht und dem Vorwärtsdrang eine Stufe entgegen gesetzt. Ich stelle mir einen Bekleidungsladen in der Vorstufenzeit vor, in dem viele voll gepackte Motorbikes plötzlich zwischen den aufgehängten Kleidungsstücken auftauchen, während in den Umkleidekabinen junge Damen den Erstickungstod sterben, weil die Auspuffgase ja auch irgendwo hin müssen.

Man fährt also so weit wie möglich an den Artikel seiner Wahl heran, die Ehefrau diskutiert aufgeregt die angebotene Qualität und fängt dann nach Einigung mit dem Ehemann an den Preis zu verhandeln. Kommt es zu keiner Einigung, wird der Starter des Bikes betätigt und man rollt weiter zu dem nächsten Geschäft, welches ja gleich nebenan ist, weil man dem Einkaufsverhalten seiner Mitbürger Rechnung trägt und seinen Laden gleich neben dem Mitbewerber betreibt. Das macht es auch viel einfacher das zu finden was man so gerade braucht und spart auf jeden Fall Benzin. Man muss ja auch nicht durch die halbe Stadt fahren um sich dann für ein paar Schuhe zu entscheiden. Das Weiterrollen wird natürlich auf dem Bürgersteig veranstaltet, den Kantstein wieder runter und rauf zu fahren, würde die Federung des Bikes, falls noch vorhanden, auch wohl nicht lange mitmachen.

Schön ist das aber erst auf und in den Märkten in denen man seine Lebensmittel einkauft. Hier stören keine lästigen Stufen. Man kurvt fröhlich zwischen den Ständen herum, hupt laut damit auch jede Verkäuferin weiß, dass man keine Zeit hat. Mit laufendem Motor kauft man Obst, Gemüse und Fleisch ein, bläst seine Abgase über die Stände um die Haltbarkeit von Fleisch und Fisch zu erhöhen, während die Verkäuferinnen in dem Chaos sitzen und ihre Ware anbieten, Fleisch zerteilen, die Reste auf den Boden um sich herum werfen, damit die Ratten dann Abends auch was zu fressen haben. Der Anteil von Blei, Cadmium und sonstigen leckeren Stoffen aus den Auspuffs von Motorbikes, legt sich dann als schützender Schleier auf das Fleisch und gibt den Speisen dann wohl erst die richtige Würze.

Wahrscheinlich wird irgendjemand in ferner Zukunft wohl darauf kommen, menschliche Ausscheidungen zu recyceln um hier eine Rückgewinnung von Mineralien und chemischen Stoffen vorzunehmen, die über die Nahrung abgelagert wurden.

Ich brauche mal wieder etwas Abwechslung. Da ich sowieso vorhatte meinen Freund, der auf den Philippinen lebt und mit einer Einheimischen verheiratet ist, zu besuchen und das von Saigon aus in einem zwei Stunden Flug zu machen ist, gehe ich ins nächste Büro von Vietnam Airline und buche mir einen Flug nach Manila. Mein Freund hat sich vierzig Kilometer außerhalb der Großstadt Manila ein Haus in einer so genannten Subdivision bauen lassen. Eine Subdivision ist ein großes Gelände mit einem Zaun drumherum und einer oder mehreren Einfahrten an denen ein Paar Männer herum lümmeln, die verhindern sollen, dass ein Fremder unangemeldet in diese Idylle einbricht. Das heißt, im Idealfall ruft der Torwächter den zu besuchenden Einwohner an und fragt ob er den Besucher durchlassen darf. Das mag ja in der einen oder anderen Subdivision durchaus funktionieren, in dieser hier passiert bei der Einfahrt mal gar nichts. Der Torwächter winkt mit einem freundlichen Lächeln jeden durch, der hier hineinfährt.

Die Idee, dass man jemanden anhalten könnte hat sich hier noch nicht so richtig durchgesetzt, außerdem muss man sowieso befürchten, daß der Besucher sich mit Waffengewalt Einlaß verschafft. Also schläft man lieber weiter vor sich hin, das verlängert das Leben ungemein und falls der Besucher dann den Eigentümer eines Hauses erschießt ist man grundsätzlich der Meinung, daß dieses schon in Ordnung geht. Selbst Schuld, was kennt der Hausbesitzer auch für merkwürdige Leute.

Mein Freund erzählt mir dann auch Horrorgeschichten über das Verhalten der Einheimischen hier gegenüber Ausländern, über Überfälle am helllichten Tag, über die Korruption bei den Polizeibeamten und der katastrophalen Qualität beim Hausbau.

Da ich ja immer alles genauer untersuchen muss wie andere Menschen, habe ich dann auf einer Männerparty auf der sich jeden Mittwoch hier die Expats treffen mir mal ein paar andere Meinungen angehört. Was denkt denn so der Durchschnittsausländer, dem seine Libido den Blick auf die Tatsache verstellt hat, dass so manche Filipina mit der Zeit, ausgelöst durch Chips vor den Flachbildschirmen oder durch ihre Lieblingsbeschäftigung, dem allabendlichen Kartenspielen mit Freundinnen, teigartig auseinander gehen.

Noch übler wird der Umstand dann wenn diese Damen darüber hinaus ehelichen Verkehr nur noch mit Hinblick darauf betreiben, daß der Ehemann doch noch ein wenig Geld hat um die Shoppingcenter leer zu kaufen.

Natürlich ist das nicht auf die Damenwelt dieser Region beschränkt, das gibt es durchaus auch in Deutschland und anderswo. Außerdem gilt das auch nicht für die Allgemeinheit, hier gibt es, wie überall, durchaus auch ansehnliche Damen im fortgeschrittenen Alter.

Allerdings hat sich, nicht nur bei mir, das Gefühl entwickelt, dass sich in erster Linie mal etwas angegraute Herren aus der westlichen Welt junge, gut aussehende Filipinas zur Frau nehmen. Erweitert wird dieser Kreis dann noch durch Männer, die hier trotz ihres einfältigen Verstandes oder ihres Äußeren noch jemand abbekommen. Aber Geld macht anscheinend schön und so findet sich hier, wie es so wunderbar heißt, noch für jeden Topf ein Deckel.

Am Ende ist die Enttäuschung dann manchmal auf beiden Seiten auszumachen, dem Expat geht das Geld aus und die Dame des Hauses gehen die Konturen verloren.

Dazu muss ich natürlich noch erklären, was ein Expat ist. Expats sind Immigranten also Deutsche, Engländer, Aussies, etc. die den Filipinos hier die heiratsfähigen Frauen ausspannen. Manche von denen die ich getroffen habe behaupten überdies, dass das Land ohne sie zusammen brechen würde, weil sie ja als Einzige die Intelligenz gepachtet hätten. Kurz gesagt, ein Expat ist für die Filipinos das, was für manche junge deutsche Männer einige unserer jungen, aufstrebenden Mitbürger sind die aus Immigrantenfamilien kommen.

Als Erstes höre ich mal etwas über die Katastrophe Hausbau. Jeder Expat dem die Familie seiner Frau noch nicht das gesamte Geld aus der Tasche gezogen hat, lässt sich hier ein Haus bauen. Das kostet irgendwas zwischen 50.000 und 200.000 Euros. Der Bauunternehmer bekommt eine Zeichnung vom Architekten und von dem zukünftigen Hausbesitzer, der ja immer ein absoluter Fachmann in Baufragen ist, unter Anderem gesagt wo das Klo hinkommt.

Da der Bauarbeiter während der Arbeit wohl immer daran denkt, dass sein Nachbar zu Hause mit der Frau des Bauarbeiters rummacht, weil der Nachbar ja einen Expat in der Familie hat der ihn ernährt und er daher mehr Zeit hat die Frauen in seiner Umgebung glücklich zu machen, läuft das mit dem Klo dann auch fürchterlich schief. Das Abflussrohr wird in eine Zweikammer Grube geleitet, bestellt wurde eine Dreikammer Grube mit solidem Fundament, bei der leider vergessen wurde eine Bodenplatte einzubauen. Ergebnis, die Scheisse setzt sich in der Erde unter der Grube ab, das wäre nicht so schlimm, wenn nicht neben der Grube ein Brunnen wäre, der das Haus mit Frischwasser versorgt. Nichts ahnend wäscht die Hausfrau, wenn sie nicht vor der Glotze hockt, ihr Gemüse in einer etwas angereicherten Wassermischung, wundert sich, dass ihre Wäsche sehr aromatisch duftet und dass die ganze Familie unter Hautausschlag leidet.

Das Dach des Hauses besteht hier meistens aus Blechplatten, die werden übereinander gelegt und vernietet.

Wenn man viel Glück hat und der Bauarbeiter geschieden oder noch nicht verheiratet ist und nicht den ganzen Tag daran denkt, was sein Nachbar mit seiner Frau veranstaltet, wird er nicht vergessen die Übergänge noch mit Silikon abzudichten.

Das mit dem Silikon und auch den Nieten wird aus oben genannten Gründen auch gerne mal nicht ausgeführt. Es regnet viel in diesem Land. Shops die 10 Liter Plastikeimer verkaufen sind mit diesem Artikel in der Regenzeit meistens ausverkauft. Die Eimer stehen alle unter dem Dach, werden alle paar Stunden ausgeleert, natürlich vor die Haustür obwohl man doch damit Wäsche ohne Aroma waschen könnte.

Da man hier nur 1 Monat Garantie auf die Bauausführung hat, muss dann jede Reparatur extra bezahlt werden.

Wasserleitungen werden grundsätzlich nach der vielschichtigen Phantasie des Bauarbeiters verlegt, also auch gerne mal doppelt quer durchs Haus. Wenn der Weg quer durchs Haus irgendwie verstellt ist, geht am eben außen an der Mauer weiter, was soll das auch, hier gibt es keinen Winter, hier kann nichts einfrieren.

Die zweite Katastrophe die einen Expat unvermittelt treffen kann ist so manche Familie der Ehefrau. Das erste Ziel dieser Familie ist es eine Tochter mit einem Expat zu verheiraten. Dann hat die Familie ausgesorgt und die Ehefrau hat einen Flachbildschirm sowie ein Auto mit dem sie Sonntags in die Kirche gefahren wird und Wochentags in die Shopping Center. Aus dieser Verbindung muss dann so schnell wie möglich Nachwuchs entstehen, damit der Expat nicht abhaut, wenn der Teig anfängt aufzugehen, siehe Chips und TV. Fliegt das junge Glück in das Heimatland des Expats, bringt die ganze Familie die Beiden zum Flughafen, nicht ohne unterwegs anzuhalten um erstmal ordentlich Essen zu gehen. 20 Leute in einem Restaurant zu verköstigen leert kräftig die Urlaubskasse, das macht aber nichts, Filipinas haben in jedem Land Verwandte, dort nistet man sich ein und futtert denen die Haare vom Kopf. Das die Verwandten irgendwann mit ihren Kindern im Gegenbesuch in dem wunderschönen Haus in der Subdivision erscheinen, ihre ganze Familie mit Freunden und Freundesfreunden mitbringen um sich mal richtig satt zu essen, wird in diesem Moment noch nicht bedacht. Kommt dann das Ehepaar wieder in Manila an, wird man sie mit sehr vielen Freunden und Verwandten vom Flughafen abholen, deshalb ist der Parkplatz des Flughafens auch überdimensioniert. Das man sich die Erlebnisse in dem fremden Land bei einem guten Essen im nächsten Restaurant anhört, ist doch klar. Schließlich will niemand etwas versäumen.

Die Liebe dieser Familien zum ausländischen Ehemann geht sehr weit. Jemand den man liebt, wird sich nicht weigern die Ausbildung der vielen Söhne und Töchter zu bezahlen die in dem großen Kreis der Familie heranwachsen. Krankenhausaufenthalte von Familienmitgliedern gehen immer zuerst zu Lasten des Expats. Versichert sind Einheimischen nicht so gerne, das kostet Geld das man lieber für ein Auto ausgibt, damit man das Eheglück zum Flughafen begleiten kann oder beim sonntäglichen Familienpicknick mitmachen kann. Kurz gesagt, das Glück der Familie liegt in der Geldbörse des Expats.

Wer da die Geduld verliert und den Geldhahn zumacht hat schlechte Karten, ab sofort wird ihm die Liebe der Familie entzogen, wenn er großes Pech hat auch die von der Ehefrau.

Die wirft ihn dann auf die Strasse und da ihr 50 Prozent vom Haus gehören, muss er sie dann auszahlen um das Haus zu verkaufen, da Expats ohne philippinische Ehefrau keinen

Grundbesitz haben dürfen und er kein Geld mehr hat um sie auszuzahlen, nimmt sie sich das Haus und verkauft es, er sieht dann keinen Cent. Zwar kann man hier jeden Richter und Polizisten kaufen aber ohne Moos nix los.

Das schöne an einer Subdivision ist, daß es Regeln über das Zusammenleben gibt. In der Theorie. In der Praxis macht hier jeder was er will. Der Nachbar meines Freundes züchtet Kampfhähne. Das ist offiziell mal sowieso im ganzen Land verboten und in einem Wohngebiet erst recht nicht erlaubt. Auf dem Grundstück nebenan tummeln sich 50 bis 60 Kampfhähne. Diese wunderbar bunten Viecher haben die unangenehme Eigenschaft ohne klingelnden Wecker in der Morgendämmerung, das ist hier so gegen vier Uhr Morgens, aufzuwachen. Damit auch keiner seiner Spießgesellen verschläft, fängt dann erst mal jeder von ihnen an zu krähen. Das erste was man traumatisch durchlebt wenn man unsanft aus dem Schlaf gerissen wird und senkrecht im Bett steht, ist der unangenehme Eindruck, der Wind hätte einen aus dem Bett geweht und man wäre auf einer Hühnerfarm gelandet.

Ich frage meinen Freund ob er schon mal daran gedacht hat sich beim Nachbarn zu beschweren. Er erzählt mir, daß der Nachbar ihm angedroht hat ihn zu erschießen.
Die daraufhin herbeigezogenen Polizeibeamten hätten ihm dann bestätigt, dass der Nachbar eine Waffe hat und die gerne auch bei weiteren Beschwerden in Gebrauch nehmen würde, dabei versuchten sie dann krampfhaft das vom Nachbarn gezahlte Geld in ihren Taschen verschwinden zu lassen.
Eine Waffe hat hier sowieso jeder Filipino, die kann man als Einheimischer überall in diesen offenen Garagenläden am Strassenrand kaufen.

Es ist schon nett, mitten auf dem Land an einer Garage vorbei zu fahren und zu sehen, daß von der Pistole bis zum Maschinengewehr alles Mögliche an Waffen an der Wand hängt und auf den Käufer wartet. Man hat auch die Möglichkeit, höre ich, einem Polizisten die Waffe abzukaufen, der meldet die dann als verloren und freut sich über das Zusatzeinkommen.

Ich wundere mich dann auch nicht mehr darüber, daß es wohl ein neuer Sport ist, jemanden an einer Kreuzung eine Pistole an den Kopf zu halten und ihm so um sein Auto zu erleichtern.

Ich glaube, ich sollte mich hier doch so schnell wie möglich verabschieden. Dieses Land ist nichts für mich. Was nützt einem die schönste Landschaft, wenn man 100 Kilometer zu Fuß laufen muss, weil einem jemand das Auto entführt hat.

Ich lasse mich zum Airport fahren um die Rückreise nach Saigon anzutreten und erlebe noch einmal wie Menschen, denen man eine Uniform anzieht, plötzlich glauben sie wären General und wir Ununiformierten wären nur als Befehlsempfänger zu gebrauchen. In der Box der Passkontrolle sitzt so ein einsamer Vertreter dieser Spezies und wartet auf Menschen die er schikanieren kann. Vor der Passkontrolle hat jemand vor und zurück Sperrbänder gezogen um vorwitzige Menschen vom Drängeln abzuhalten. Man läuft also mehrmals hin und her durch diese Absperrungen und kommt dann irgendwann vor der Box des Generals an.

Vor der Box noch eine gelbe Linie, die man nur nach Aufruf überschreiten sollte, sonst wird man wahrscheinlich sofort erschossen.

Das macht ja auch Sinn, wenn Tausend Menschen fluchtartig dieses Land verlassen wollen, was ich durchaus nachvollziehen kann, aber ich bin hier wirklich ganz alleine unterwegs. Niemand, außer mir, will heute flüchten.

Also umgehe ich die Absperrung und stehe direkt vor der gelben Linie um seinem Aufruf zu folgen, damit ich hier nicht auf der Flucht erschossen werde, wer möchte denn auch ausgerechnet in diesem Land sterben.

Das gefällt ihm aber nun überhaupt nicht. Schließlich hat man ihm erklärt, dass Menschen die an die Passkontrolle kommen gefälligst durch die Absperrungen laufen sollen, drängeln ist hier nicht erlaubt. Befehl ist Befehl, sinnlos wie die meisten, aber denken heißt nun mal Revolution und muss im Keim erstickt werden. Also staucht er mich im Kasernenhofton zusammen, was mir denn einfiele, die Absperrung zu umgehen, die wäre da ja nun nicht zum Vergnügen gezogen worden. Ich gebe mich zerknirscht, frage ihn ob ich denn noch einmal zurückgehen sollte.

Das wäre ja auch ganz lustig, denke ich, hätte der arme Kerl doch was, was er Abends zu Hause seiner Frau erzählen könnte um ihr zu zeigen was er doch für ein toller Kerl ist. Ist ja auch mal eine Abwechslung, wenn man nicht jeden Abend seine Frau verprügeln muss, sondern dafür tagsüber einen weißhäutigen Nichtsnutz in die Schranken gewiesen hat. In diesem Fall im wahrstem Sinne des Wortes. Er sieht mich mürrisch an, nimmt meinen Pass und knallt seinen Stempel auf eine leere Seite. Ich wünsche ihm noch einen wunderschönen Tag, ich bin entkommen.

Nachdem ich auf der Insel Cat Ba in der Halong Bucht nun auch noch den letzten Kilometerstein umgedreht habe und mein Rückflug in die Heimat näher rückt, buche ich bei einer dieser zahlreichen Reisebüros auf der Insel meine Rücktour nach Hanoi.

Das ich einen überhöhten Fahrpreis für die Fähre hierher bezahlt habe, muß ich ja nicht wiederholen. Also checke ich erstmal die überall angeschlagenen Preise, lasse mich informieren und kaufe mir dann ein Kombiticket für die Fahrt mit einem der Ausflugsboote, die durch die Bucht nach Halong City fahren und dann die Möglichkeit beinhalten mit einem Bus weiter nach Hanoi zu fahren. Das Kombiticket ist um die Hälfte billiger als das Ticket in Haiphong für die Anfahrt mit der Abwrackfähre. Das Schiff entpuppt sich als einer dieser Kabinendschunken, die Touristen, die gerne auch mal etwas mehr Geld ausgeben möchten, zwei Tage lang durch die Bucht schaukeln. Ich schaue mir mal in Ruhe einer der Kabinen an. Das ist schon Luxus pur und bestimmt das Geld wert das man dafür bezahlen muß. Die Reisenden, die schon die letzte Nacht auf dem Schiff verbracht haben schauen alle sehr relaxt und zufrieden aus. Das liegt nicht zuletzt auch an dem schönen sonnigen Wetter das in den letzten Tagen über der Bucht liegt. Ich lasse mich auf dem Oberdeck auf einen dieser Deckchairs fallen und genieße die Fahrt durch dieses Naturwunder. Im Hafen von Halong City ist kein Anleger mehr frei, hier liegen hunderte von großen und kleinen Ausflugsschiffen herum, nehmen Touristen auf und setzen welche ab.

Auf unserem Schiff geschieht das durch ausbooten. Mal wieder umsteigen in ein kleineres Boot. Das ist hier immer etwas problematisch ohne die in Europa vorhandenen Sicherheitsauflagen. Die Kaianlage wimmelt von Menschen, ich komme mir vor wie auf einem Hauptbahnhof in Deutschland zur Hauptreisezeit.

Unser etwas aufgeregter Guide, ein junger Vietnamese, führt uns über die Straße in ein riesiges Restaurant. Das Haus hat den etwas verunglückten Charme einer Bahnhofsgaststätte, Drängelei an allen Ecken. Das Essen ist für die Zweitagesgäste vorgebucht. Ich mache, daß ich dort wieder rauskomme, was sich als nicht so einfach erweist, wenn hier alles sitzt sind die Gänge zugestellt. Allerdings bleibt die Frage des Essens.

Ein paar junge Mitreisende aus Spanien haben das gleiche Problem, wir finden etwas trockenes Brot in einem der Garküchen an der Straße, eine Flasche Wasser dazu und fertig ist der Lunch.
Nach einer Stunde ist die Abfütterung vorbei. Die Meute erscheint gesättigt wieder vor dem Restaurant. Wir werden mit viel Chaos in zwei Busse verladen. Natürlich passiert das Unvermeidliche.
Die Busse halten kurz vor Hanoi an einem großen Gebäude in dem man versucht, dem Reisenden auch noch den letzten Dong mit Souvenirs und Erzeugnissen aus den Handwerksbetrieben des Landes zu überteuerten Preisen aus den Taschen zu ziehen.
Im Bus erklärt uns dann unser Guide, dass er uns an unseren Hotels absetzen würde, wir sollten ihm doch den Namen des Hotels und die Straße nennen. Er kommt dann auch mit einem Blatt Papier herum und notiert sich die Hotels. Ich bin als letzter dran und obwohl ich nicht weit vom dem Hotel meines Nachbarn absteigen werde, kennt mein Guide plötzlich weder das angegebene Hotel noch die Straße. Er meint er würde mich zentral am See absetzen, das wäre schon O.K.

Einerseits könnte ich mich ja damit einverstanden erklären, weil ein Taxi zu meinem Hotel nun nicht die Welt kostet, aber andererseits habe ich auch genug von diesen Unzulänglichkeiten, die einem in Vietnam immer mal wieder um die Ohren gehauen werden. Ich werde laut, sehr laut, beschimpfe ihn wüst. Ich weiß, dass ich damit mein Gesicht verliere, wie es in Asien so schön heißt, aber das ist mir jetzt ziemlich egal.

Er wird weiß im Gesicht, versucht mich zu beruhigen, die mitreisenden Fahrgäste sehen mich peinlich berührt an, schütteln die Köpfe. Ich höre nicht auf zu schimpfen. Dann erklärt er mir sehr vorsichtig, daß er mich an der Straßenecke in der Nähe meines Hotels absetzen wird. Dann hätte ich nur noch drei Minuten zu laufen. Na also geht doch. Beim Aussteigen klopft er mir freundlich auf die Schulter, ich grinse ihn an, manchmal hilft ein kleiner Disput eben doch, es ist eben alles nicht so ernst gemeint.

Wo immer man mit der einheimischen Bevölkerung in Berührung kommt, entwickeln sich nette Gespräche. Ich kenne kaum ein Volk das so kommunikativ wie das vietnamesische ist. Wer sich auf ein Gespräch einlässt wird gnadenlos ausgefragt. Die erste Frage die einem alleinreisenden Mann gestellt wird, ist die nach der Ehefrau. Erst blickt man sich suchend um, dann ein fragender Blick und dann kommt unvermeidlich >> wo ist deine Frau?<<.

Die Antwort >> ich habe keine Frau<< endet mit dem Versuch herauszufinden, wo sich diese denn im Moment aufhält. Man nimmt natürlich sofort an, daß sich die Begleiterin gerade im nächsten Souvenirshop betrügen lässt, was ja für das Verständnis von Vietnamesen völlig normal ist, wozu gibt es denn sonst Touristen. Die Erklärung, daß man völlig alleine durch ein Land reißt stößt auf völliges Unverständnis. Der Blick den man erntet drückt entweder tiefes Mitleid aus oder man fragt sich, was denn mit diesem Touristen nicht stimmt. Also wird offensichtlich nach einer Behinderung gesucht, die eine normale Frau davon abhalten könnte eine Partnerschaft mit dem Typen neben sich einzugehen.

Könnte man in diesem Moment in den Fragenden hineinhorchen, würde man bestimmt so etwas wie >> aber der ist doch eigentlich ganz nett, warum ist ihm die Frau weg gelaufen?<< hören.

Das äußert sich auch sofort mit der Frage nach dem warum es keine Frau gibt. Hier ist jetzt eine leicht verständliche, nicht allzu komplizierte Antwort notwendig, ansonsten führt das sofort zu weiteren Fragen in diese Richtung. Antworten wie >> ich habe noch nicht die Richtige gefunden<< sind hier völlig fehl am Platz. Jede gesunde Frau kann arbeiten und Bum Bum machen, das ist doch wohl die alleinige Grundlage für eine Ehe, also was soll denn diese unsinnige Antwort.

Wenn man schon nicht mit einer Ehefrau beglückt ist, so hat man doch zu mindestens Kinder zu haben. Hier sollte man dann allerdings Feinfühlungsvermögen an den Tag legen und sich, auch dann wenn man keine Kinder hat, welche dazu lügen. Keine Kinder und das in dem Alter, heißt auf jeden Fall Zeugungsunfähigkeit. Ein Umstand der dazu führt, dass sich vietnamesische Frauen sofort in eine andere Richtung entfernen. Welcher Mann lässt sich schon gerne als zeugungsunfähig abstempeln und außerdem weiß man ja vielleicht wirklich nicht so ganz genau wie viele Kinder man irgendwo auf der Welt hinterlassen hat.

Wenn sich die dazu gelogenen Kinder dann in einem reisefähigen Alter bewegen, wird es schon wieder schwierig >> wo sind denn jetzt die Kinder<<. Wieder der Blick zum Souvenirshop. Also diese Familiengeschichten machen Gespräche zur Märchenstunde. Wer gut lügt steigt auf der Stufenleiter des Ansehens sehr schnell empor. Die beste Erklärung ist immer die, in der man klar macht, daß die Ehefrau und die sechs Kinder zu Hause in Deutschland arbeiten müssen, damit man hier seinen Aufenthalt genießen kann, sich eine Freundin sucht und nach viel Bum Bum dann eine zweite Familie gründet, die man nicht zu häufig aufsucht. Die Erklärung wird allerdings nur unter der Voraussetzung akzeptiert, indem man gleichzeitig erklärt, dass man monatlich eine stattliche Summe zum Unterhalt der Zweitfamilie überweist.

Das die Frau zu Hause bleibt und arbeitet ist eigentlich auch selbstverständlich. Hier in Vietnam arbeiten scheinbar in erster Linie mal sowieso nur Frauen. Jedenfalls kommt man auf diese Idee wenn man den Haufen von Männern sieht, die an den Straßenecken herumsitzen, Karten oder Brettspiele spielen, im Schatten der Bäume auf ihren Motorbikes liegen oder in irgendwelchen Cafes mit anderen Männern herumschwafeln. Der Eindruck von Beschäftigung entsteht nur, wenn einem einer dieser wunderbaren Menschen die Mitfahrt auf seinem Motorbike anbietet, natürlich nur gegen eine völlig überzogene Summe.

Aber kommen wir erst einmal zurück auf die Unterhaltungen mit der einheimischen Bevölkerung.
In einem Tempel treffe ich in dem ganzen Touristenrummel zwei junge vietnamesische Studentinnen, als ich mich völlig erschöpft auf einer Bank niederlasse. Ich lächle, sage Xin Chao, das heißt

Guten Tag und erkenne augenblicklich, dass das ein Fehler war. Die Fragerei geht sofort los als hätte ich den Abzug eines Maschinengewehrs betätigt. Dabei wechseln sich die Zwei in einem wirklich niedlich klingenden Englisch ab, so dass ich gar keine Chance habe zwischendurch einmal Luft zu holen. Ich versuche mühsam aus dem was die beiden so von sich geben heraus zu filtern was sie denn meinen. Die Aussprache ist zwar niedlich aber fast unverständlich.

Ohne Zweifel wären die Beiden die richtigen Mitarbeiter eines Call Centers in dem man anruft um ein technisches Problem mit seinem Computer lösen zu lassen.

Antwort A entscheidet über Frage B, falls die Antworten nicht mit dem erlernten Wortschatz übereinstimmen, landet man irgendwann in einer Sackgasse. Das macht aber nichts, weil der Fragenkatalog natürlich noch weit über den Wissensdurst zu dem Familienstand hinaus geht.

Wir landen dann plötzlich bei der Frage ob ich vietnamesisch sprechen würde.

Ich erzähle, dass ich zumindestens eine Speisekarte entziffern könnte, beschreibe die einzelnen Tiere die sich in irgendeiner Form auf dieser Karte wieder finden und komme dann zum Schweinefleisch. Schwein heißt auf vietnamesisch Heo. Mit meiner Aussprache kommen die beiden nun aber überhaupt nicht zurecht. Ich versuche es in allen Tonarten, jubele das Schwein bis in die Sphären des hohen C.

Die Zwei schauen mich an als wollten sie sofort die Ambulanz rufen und verabschieden sich mit dem Kommentar, daß ich nun wirklich sehr merkwürdig wäre.

Studentinnen trifft man in den größeren Städten sowieso an allen Ecken. Man hat das Gefühl das hier jeder, der sich in der entsprechenden Altersstufe befindet, studiert. Natürlich wiederum nur Mädchen, die Jungen lungern ja irgendwo herum und warten auf Touristen, die man mit dem Motorbike irgendwo hin fahren kann. Wenn kein erkennbares Ziel vorhanden ist, bietet man dann eben Massagen und Bum Bum an. Das führen dann einige der Studentinnen in ihrer Freizeit aus um sich die Studiengebühren leisten zu können. Hier schließt sich der Kreis. Eine Masche dieser Mädel, die einem irgendwann auf die Nerven geht, weil an jeder Ecke eine andere auf dich zukommt, ist es, einem ein Buch oder Heft vor die Nase zu halten in dem sich andere dumme Touristen mit einer Spende für das arme Kind eingetragen haben. Man schreibt seinen Namen und sein Heimatland in diese Liste und die letzte Spalte ist für die Summe die das soziale Gewissen aus dem Portemonnaie quetscht. Nach der dritten Studentin mit einem Heft in der Hand gibt es für mich nur zwei Möglichkeiten. Entweder ich ziehe mir ein Kleid an und besorge mir auch so ein Heft, dann sind meine Reisekosten gesichert oder ich lasse mir etwas einfallen um die Plagegeister los zu werden. Ich lande beim letzteren. Die nächste heftbewaffnete junge Dame ist mein erstes Opfer. Ich erzähle ihr mit einem bedauernden Lächeln, sie wäre heute schon die achte die mich anspricht und nun hätte ich keine Dong mehr über für irgendwelche Spenden. Das hilft, sie weiß ja wie viele von ihren Bettelgenossinnen unterwegs sind. Ab und zu ernte ich dann auch einen mitleidigen Blick.

Den Vogel schießt allerdings das Pärchen auf einem Motorbike ab, sie sitzt auf dem Rücksitz und er sucht gezielt nach Touristen. Findet er jemanden, springt sie vom Sozius rennt auf das Opfer zu und hält diesem das Heft unter die Nase. Das nenne ich doch mal effizient, da kommt man doch viel schneller rum als zu Fuß die Ecken der Touristenströme abzugrasen. Der Kapitalismus entwickelt sich doch immer zuerst bei den Menschen mit kreativen Ideen.